Slamdead Millionär

Holger Fichtelhills

Vorwort:

Holger Fichtelhills tritt regelmäßig bei Poetry Slams und als Referent Hardcore bei Hochzeiten und anderen krassen Festen auf. Aber auch sonst ist Holger richtig aktiv im Leben.
Buchautor, Philosoph, Techniker, Musiker, Dichter, Langschläfer, Zimmermann und Gewinner
"Des Herr Olafsonpreises für besondere Verdienste im Bereich der Tüchtigkeit 2016".
Holger Fichtelhills lebt, liebt und wundert sich meist über die Menschheit.

Das Lektorieren hätte über 1000 Euro gekostet und das war mir zu teuer so ist dieses Werk nicht Lektoriert worden. Sehen Sie die nachfolgenden Fehler als Kunst meines Geizes an.
Vielen Dank für die Inspirationen an meine Freunde, Bekannte und an Herr Olafson 😊.

Danke fürs Kaufen und Lesen
Holger Fichtelhills

Indianer Tschones und die Suche nach dem heiligen Kreuzschlitz!

Dieses ist ein Drehbuch das noch keiner vermarkten wollte

Anfangssequenz:

Der Junge Indie erbeutet von bösen Menschen, (dass man nur an der Hintergrundmusik hört) ein Artefakt aus dem 20igsten Jahrhundert. Es ist ein Schuhlöffel.

Es beginnt eine Verfolgungsjagd mit Pferd, Auto, Fahrrad, Bergziegen, Kamelen, Mopedrollern, Flugzeug, Kabeltrommel, einem Stepper, einem Hometrainer, mit Zug über Afrika und Asien kommt der etwas ältere Indianer Jones nach 6 Jahren wieder an seine Universität.

Seltsamerweise hat er noch seinen Job und keiner hat ihn vermisst!!!

Zeitsprung von 30 Jahren

Es ist das Jahr 4538. Indianer Tschones bekommt mit, dass sein längst verschollener Vater nach einer heiligen Reliquie sucht.

Dem heiligen Kreuzschlitz!

Der heilige Kreuzschlitz ist eine Reliquie aus dem 21sten Jahrhundert, wo der letzte Techniker mit den Namen Horst Kevin aus Bottrop die letzte SPS Steuerung in die Weltkugel eingebaut hat. Seitdem soll diese die Welt in der Rotation konstant halten.

Der letzte Kreuzschlitz wird aber von dem Stamm der Würthi Fischer bewacht.

Aber auch die Afdler, ein Nachfolgestamm der nationalen Sozialisten sind auf der Suche nach dem letzten Kreuzschlitz.

Sie wollen mit dem letzten Kreuzschlitz ihren alten Führer Gauland zu Leben erwecken.

Sein Nachfolger will es so!

Er hatte damals gesagt, der Islam gehört nicht zu Deutschland und hat in ganz Deutschland Lager einführen lassen um Waffenlieferungen gegen Menschenhandel Gewinn bringend zu tauschen....

Nur einmal wurde der Kreuzschlitz verwendet, der Rede nach soll Chuck Norris unsterblich geworden sein.

290 Jahre später wird er vom Papst Kevin den Dritten heiliggesprochen.

Der Überlieferung nach sollen Chuck Norris Jünger ein

Evangelium verfasst haben ....

Die drei berühmtesten, Arnold Schwarzenegger, Bruce Willis,

Van Damme schrieben demnach ein Evangelium.

Demnach soll Chuck Norris alle Liegestütze geschafft haben.

Auch soll die Sonne sich nicht um die Erde drehen, sondern die Sonne sich um Chuck Norris!

Einmal soll Chuck Norris mit dem Wurf einer Granate 20 Menschen getötet haben, erst dann explodierte die Granate.

Indianer Tschones beginnt mit der Suche in einem alten Tempel in Berlin, der in der Antike errichtet wurde, den BER.

Fortsetzung folgt...

Indianer Tschones und die Suche nach dem letzten Kreuzschlitz! (Teil 2)

Indiana Tschones dringt in die heilige Empfangshalle vom BER ein.
Leise schleicht sich der junge Indi die Gänge entlang.
Als er plötzlich eine Falle von dem Fischer/Würth Eingeborenen auslöst. Nur mit Glück und Mut kann sich Indianer Jones aus der Falle befreien.
Aber die Eingeborenen haben bemerkt, dass sich in ihrem Tempel ein Fremder aufhält.
Es beginnt wiederum eine Verfolgungsjagd
Indianer Jones springt in einen Mörtel Mischer und nimmt die Flucht auf. Aber die Eingeborenen (übrigens, alle Nachfahren vom Bauvorstand des BER.) verfolgen ihn. Sie springen alle auf einen Steiger und rauschen mit einem tüt... tüt... tüt... hinterher.
Indianer Tschones dringt immer weiter in den BER ein. Er muss von seinem Mörtelmischer abspringen und kommt so an ein Rolltor das sich gerade schließt. Schnell schlittert er unten durch und verliert aber dabei seinen Hut.
Nun greift er durch den Spalt um seinen Hut zu fassen, und ...geschafft...
Gerade wie er sich umdreht und durch den Schlitz wegen der Kameraeinstellung schauen will,
fällt ihm auf, dass auf der anderen Seite ein Zigarettenautomat an der Wand steht.
Schnell rutscht er wieder unter dem Tor durch um sich schnell noch ne Schachtel zu ziehen....

„Was 80000 Bitcoins!" erschrickt Indiana. „Ne da wart ich mal 2 Sekunden." Und Zack 15000 „ja für den Preis geht das" sagt Indi und versucht sich zu beeilen.

Denn in der Ferne hört er mit 5 km/h Schrittgeschwindigkeit püp... püp... püp... die Eingeborenen ankommen.

(Nur zur Info... das Tor schließt sich sehr sehr langsam)

Nun hat er sie und mit einem „hua" taucht er unter dem Tor durch und will gerade die Elektrik zerstören. Aber das braucht er nicht. Ist sowieso schon kaputt, ist ja auch der BER.

Nun kommt Indi in den heiligen Duty-Free Shop, wo hinter einer doppelten Wand tatsächlich Chuck Norris wartet und ihn mit einem Roundhousekick begrüßt, den Indiana Jones mit einem Rollmeter abwehrt.

„Hat ja lange gedauert" sagt Chuck Norris

„Sorry, musste mir noch Zigis kaufen."

Erwidert Indi

Wie jetzt? Rauchen wurde doch vor 1000 Jahren verboten!

„Ja aber da vorne hängt noch ein Zigarettenautomat"

„Ne jetzt" sagt Chuck Norris

„Ja hier, hab ich gerade gezogen"

Chuck Norris sein ergrauter Bart läuft rot an:

Wieder ein Roundhousekick in Richtung Indi und wieder, Zack Rollmeter.

„Alter jetzt hör mal auf."

„Ja schon gut ich hab hier seit 200 Jahren nichts mehr zu rauchen und gleich um die Ecke hängt so ein scheiss Ding!"

Also ich krieg ne Zigarette und du kannst dir von meiner Sammlung einen Kreuzschlitzschraubendreher

aussuchen."
„Nein"sagt indi, „ich will den Einen ..."
Den hat Herr Olafson ausgeliehen um den Ayers Rock rot
anzumalen.

Kameraeinstellung von oben schnell sich entfernend!
Indianer Jones nach oben schauend und rufend
„NEIIIIIIIIIINNN NICHT SCHON WIEDER HERR OLAFSON!!!!"

Meinen Körper verkabelt

Ihr Alkoholdatenvolumen wurde aufgebraucht. Bis
Ende des Monats trinken sie mit reduzierter
Geschwindigkeit.
Sie können ihre Alkoholeingangsgeschwindigkeit
wiederherstellen, indem sie das Saufspeedvolumen S
neu buchen.
Mit freundlichen Grüßen
Ihre Leber

Fragen:
Am 5.6. haben Sie das SSV Saufspeedvolumen S
gebucht, bitte nehmen Sie sich einige Minuten Zeit um
unseren SaufSspeedservice zu optimieren
Frage 1.
Hatten Sie nach ihrer Buchung Probleme mit
Datenlieferung von alkoholischen Getränken?

Frage 2.
Wie waren Sie zufrieden mit der Trinkgeschwindigkeit des SSV
Frage 3.
Hat sich ihre persönliche Alkoholsaufverbindung dadurch verschlechtert?

Die Stromlüge (Sonntagspredigt)

Der Strom lügt uns an!
Ich hab's gewusst! Mein Leben war in den 90igern so schön.
Strom war noch ehrlich! Richtig ehrlich!!
Ehrlicher wie die SPD. Obwohl das nicht schwer ist!!!
Ja, früher war Strom noch physikalisch nachweisbar und heute?! Jetzt ist Strom voll scheiße, so scheiße, dass wir Trassen verbieten müssen! Strom, du Assi der Physik.
Wolltest früher Licht uns machen, so willst du uns heute umbringen.
Was ist mit dir los?
Hast du verlernt uns zu dienen?
Bitte Strom, sei der, der du mal warst und gib uns unsere Freiheit wieder zurück.

Ich bin die Sendung Galileo auf Pro Sieben
Kennst du schon das Quadrat-Kubikmeter-Gesetz

„Nein", „ich rechne alles in Fußballfelder um"
„Und Spinnennetze sind so hart wie Stahl"
„Außerdem teste ich gerne essen und Wasserrutschen"
„Jumbo testet essen und Jaro Wasserrutschen"
„Warum testet Jumbo Schreiner nicht mal
Wasserrutschen?"
Ok. Das Gespräch führt zu nichts.

Die Reise des Parasiten durch mein ich.

Hallo Mama, mir geht es gut.
Erst haben wir ein Augenlied gesungen, dann sind wir den
Tränenkanal hochgefahren! Zum Essen gabs einen
Augapfel. Danach sind wir durch die Augenhöhlen
gewandert. Meine Freundin Iris war sehr begeistert, jedoch
hatte Sie nach der Wanderung eine ganz schön dicke
Hornhaut☺.
Morgen gehen wir reiten mit dem Steigbügel.... bis bald

Arzt zum Patienten:
Sie müssen aufhören zu onanieren!
Patient: Warum?
Arzt: Weil so kann ich sie nicht untersuchen!

Kurze Reflexion des Witzes:
Der Witz beginnt mit einem Klischee!
Hierbei muss erwähnt werden, dass der hier zugegen
hängende Fachmann keinen Doktortitel trägt.
Der Patient hingegen spielt am Anfang eine Nebenrolle zum
Arzt.
Seine Rolle ist aber gegen Ende der Unterhaltung signifikant
wichtig, denn der Witz wird durch das Wort „onanieren"
zur Aufmerksamkeit angeregt.
Gegen Ende wird verdeutlicht, dass es hier ein Zeitproblem
gibt.
Der zuhörende denkt, dass der Patient allgemein mit dem
Onanieren aufhören sollte.
Der Erzähler des Witzes weist zum Schluss darauf hin, dass
diese Situation der Selbstbefriedigung just in diesem
Moment stattfindet.
Der Arzt weißt ihn zwar zu Anfang schon darauf hin aber....
Aber Ähmmm...
Wuhuu da fährt gerade ein Tandem vorbei!!! Geil!!! muss
ich gucken...

Kirche

Es ist 7:00 Uhr, eigentlich ist es 6:00 Uhr.
Zeitumstellung!
Dass ich diese Zeilen überhaupt schreiben kann setzt
voraus, dass ich wach bin…
Konfirmation?
Und Gott sprach, Kirche Sonntag früh find ich geil.
Und Orgelmusik ist voll Swag.... Gott erfindet noch
schnell den Klingelbeutel und bis heute hat man nichts
mehr von ihm gehört.
Gott ist schon einer. Keine Ahnung, ob das Gott echt
erfunden hat ....

Jesus kommt 2018 wieder auf die Erde.
Wie würde also eine Welt mit Jesus im Internet
aussehen.
Kommentare zum Beispiel:
Meinung, Gegenmeinung, These, Antithese,
Beleidigung, Beleidigung. Ausuferung...
Kommentar Jesus → alle haben sich lieb!!!
Oder Instagram Fotos:
Ich mit #Jünger in der Pizzeria
Oder
Was ist mit Trinken? #wasser #wein # zaubern
#wunder #geile Party #petruskotztvollab.
Oder so Blog-Sachen
Heute mit en Jungs mal Schnecken checken in der
Fußgängerzone!
Oder war heute joggen, ein Passant hat mich

angeschrien! Er hat gesagt „solange er hier angelt läuft hier keiner übers Wasser und es sei ihm scheiß egal wer mein Vater sei!
#vollswag
Hallo i bims der Jesus und ich hol mir jetzt erstmal nenn Vergebungssmoothie
Ich voll so am Heilen und dann kommt so voll Jakob um die Ecke und päähmm. Haut den Söllner voll um! Fette Scheiße, alle andern so, „hey Jacky!"

Post von Jesus:
Heute verschlafen #wiederauferstehen

Was wäre wenn Jesus rapt
Ich breche das Brot
Der Wein Bitches ist bei mir immer rot
Das ist mein Mahl
Gebt mir nenn Saal
Sonst komm ich mit meinen 12 Schlägern
vorbei
Dein Saal liegt dann in Trümmern
Und du kannst dich um dein letztes Abendmahl kümmern. Mutherfucker!!!
Oder,
mal auf Malle Fliegen #genhimmelfahren.

Oder Briefe aus dem Ferienlager
Hallo Papa mir geht es gut
Heute waren wir den ganzen Tag im Wald. Matthäus
…

Oder sowas,
Scheiß Löcher in den Händen mir fällt immer das
Kleingeld durch.
Oder sowas!
Juhu heute Geburtstag aber blos einmal Geschenke.

Krimi

Es war dunkel! Erdäpfeljoe wachte auf. Er dachte sich
„entweder ist es Nacht oder meine Vorhänge sind zu".
Etwas noch nicht bei der Sache vermutete er, dass es
dunkel sei, weil die Sonne untergegangen war. Denn er
hatte gar keine Vorhänge! Vorhänge waren ihn zu weiblich.
Er streckte die Faust in die Höhe und schrie. „Die
Vorhänge!!!!"
Für Erdäpfeljoe waren weibliche Artikel ein Grauen!
Er hatte ein Rollo! Ja, das war gut, „Der Rollo" ja der war
männlich! Entweder unten oder oben, aber nicht so halb zu
oder auf wie Vorhänge es tun.
Er richtete sich auf und schielte auf das Getränk, welches
auf dem Nachttisch stand....
aber was war das! Vor ihm stand eine Person mit Mantel
und Hut, erst erkannte er ihn nicht, aber dann dämmerte es
ihm!" Er schrie auf „Mr. Konsonant E, was suchen Sie in
meinem Schlafzimmer". „Ich bin auf der Suche nach
Mitlaut." erwiderte er hastig.......
„Die Geschichte kann ein anderer zu Ende schreiben, ich
habe meine femininen Substantive verloren." dachte sich
der Autor und stand auf und ging

Die Unterhaltung mit meiner Katze.

Es ist nachts 1:00 Uhr. Es ist Januar und draußen ist ein wahnsinniges Unwetter. Regen, kalt, Wind..., hier zieht es keinen raus.
Ich war noch kurz im Keller und habe eine geraucht.
Draußen bärstet der Wind den Regen nur so gegen die Fensterscheiben. Ich gehe vom Keller wieder hoch. Als ich im Treppengang stehe, sitzt meine Katze vor der Tür.
(Aus Gründen der Übersetzung kann hier meine Katze reden, im echten hört sich meine Katze eher wie eine quietschende Maus an.)
Ich: „was wirst denn du jetzt wollen"
Katze miauzend:" ich, ich will raus"
„Willst du sicher raus" erwidere ich eher skeptisch fragend.
Katze: „Ja ich will unbedingt, ich muss raus, ich habe zwar gerade voll ins Katzenklo geschissen und muss auch sonst nicht aufs Klo, aber ich muss was kucken". Ich erkläre der Katze das Wetter draußen, „Du weißt aber schon das da draußen voll das Unwetter tobt?"
Katze: „ist mir egal ich muss raus UNBEDINGT... MAN WAS BIST DU FÜR EIN DIENER. Du sollst mir gehorchen. Ich lass dich auch hier wohnen und du willst nicht mal als MEIN Untermieter mir gehorchen. Du, du hast doch keine Ahnung, ich habe einen Pelz und der hält mich warm und ein bisschen regen macht mir nichts."
Ich denke mir: Wow, der war hart. Aber ich lasse Sie jetzt

mal in dem Glauben, zumal das sowieso wieder auf eine Diskussion rauslaufen würde.

Ich sage ein forsches „Ok." und öffne die Tür.

Gerade wie ich die Tür öffne, fährt ein eisig kalter und nasser Wind durch den Hausflur. Die Katze bleibt sitzen und schaut verdutzt erst nach draußen und dann mich an.

Sie miautzt, „toll jetzt haste wieder zulange mit mir diskutiert und jetzt ist Unwetter draußen. Ganz toll, ECHT".

Ich bin mir dessen bewusst, dass ich in ihren Augen schuld bin, aber das ist mir egal.

„Ja aber du hast doch einen Pelz und das bisschen Regen und Wind?!" „aha Sarkasmus hat der feine Herr jetzt auch schon gelernt", tituliert meine Katze.

„Ich geh schon raus keine Panik !!!" Erzürnt und doch vorsichtig schreitet Sie durch die Türe.

Ich verschließe die Türe und Sperre ab.

Nach 10 Minuten sehe ich, dass ich meine Zigaretten im Keller vergessen habe und schreite wieder in Richtung Keller.

Als ich an dem Fenster neben der Haustüre vorbeikomme, sitzt meine Katze draußen auf dem Fensterbrett und schreit fürchterlich um Hilfe. Ihr Fell ist zerzaust und Pudelnass.

Ich öffne das Fenster!

Mit einem unglaublich hohen Sprung ins Haus kommt die Katze herein.

Katze: „Verdammte scheiße, ich wäre fast umgekommen, weil du mich da draußen verrecken hast lassen wollen."

(Hier habe ich bemerkt das meine Katze unglaublich gut Futur 2 spricht.) Sie miaut weiter, „Ich habe jetzt Hunger"

„Na gut ok." Erwidere ich.

Sie geht mir durch den Hausgang nach und brüllt unentwegt. „mir ist so kalt und nass und vor allem habe ich

Hunger, Oh oh diese Qual. Ich hab's echt nicht leicht mit dem. Erst muss ich in die Kälte mir selber was fangen, weil du mir nichts zu essen gibst und dann läufst du noch so langsam". Vom Essen hast du nichts gesagt, antworte ich forsch, doch auf die Antwort muss ich nicht lange warten. „Oh ich verhungere ich bin schon fast zu schwach um zu gehen."

Ungeachtet von diesem großen Schauspiel, welches die Katze hier abzieht, öffne ich ein Katzenfutterpäckchen.

„Plötzlich hat die Katze ihre Strategie gewechselt und schwänzelt mir jetzt schnurrend um die Füße. „Ach du lieber Mensch, auch wenn du nicht so schnell bist gibst du mir etwas zu essen, oh du bist so gütig".

„Ach ja" denke ich mir „jetzt wieder die Leier".

Aber ich bekomme aus irgendeinem Grund die Packung nicht auf.

Und wieder miaut die Katze vorwurfsvoll, „mach auf man, ich verhungere ich krieg schon Mangelerscheinungen!!!"

Ich bekomme die Packung auf und lasse unliebsam das Futter ins Schüsselchen gleiten.

„Na endlich" ruft die Katze, „ich bin am verhungern"

Die Katze riecht daran und sagt zu mir in einer unglaublich kargen Ausdrucksweise. „ne den Fraß kannste selber essen!! Ich leg mich erstmal hin". Verdutzt steh ich da und kann nur noch ein Schimpfwort über meine Lippen bringen. „Blödes Viech".

Die Katze miaut noch kurz zurück „ja ja dei mudda" und legt sich dann in ihr Körbchen und schläft ein!!!

Ps. Die Zigaretten liegen immer noch im Keller.

Entdeckungen von Herr Olafson
Herr Olafson gilt bis heute noch als einer der größten
Entdecker der Neuzeit.
In seinem ersten Lebensjahr entdeckte er bereits das
Licht der Welt.

Urlaub im Fichtelgebirge

Es ist unter Fichtelgebirglern weit verbreitet und auch bekannt, dass die Sprache sowohl vom Fränkischen als auch vom Bayrischen abweicht.
So hat der Fichtelgebirgler unglaubliche Schwierigkeiten mit dem eu und dem ei.
Im Fichtelgebirgsraum wird schnell der Eimer zum Eumer.
Ganz wichtig ist das das eu eher wie oi ausgesprochen wird. Im Norden des Fichtelgebirges wird der Eimer wiederum zum ämer! (Hier werden weitere feine Unterschiede nicht besprochen, da es sonst den Rahmen sprengen würde).
Ganz im Gegensatz zu neulich, hier wird das neulich zu neilich.
Hierbei wird das ei ausgesprochen wie ey.
Auch wird in Teilen des Fichtelgebirges der Ausruf mit betont.
So kann es sein, dass er einen Satz mit einem Punkt am Ende mit Hoich beendet, so das andere Zuhörer wissen, dass der Satz hier endet.
Auch sehr bekannt ist das Ende eines Satzes mit Ausrufezeichen. Hierzu verwendet der sprachbegabte Fichtelgebirgler den Ausruf "Hoich ner."
Eine Bestätigung hingegen will der Fichtelgebirgler mit den Ende des Satzes erreichen wenn er "gell" verwendet.
Einen Widerspruch des voran gegangenen Satzes

seines Widersachers endet der Sechsämterländer mit dem Wort "etzer Hoich ner amal".

So kann ein Gespräch der Eingeborenen nur mit Mühe von Außenstehenden verfolgt werden.

Auch das ü wird meist zu i wenn ein Fichtelgebirgler verückt sagt, kommt ein verrickt raus.

Das t und das d wird sowohl im Fichtelgebirge als auch im restlichen Frankenland, mit keinem nennenswerten Unterschied gesprochen, es ist immer ein weiches d.

Unglauben kommt mit dem Worten zum Ausdruck, „etzert ner du widder". Worauf wieder rum geantwortet wird," etzert wenn ichs da soch", was so viel bedeutet " mir kannst das schon glauben.

Hier ein Auszug aus einem Gespräch.

Am Stammtisch sitzen drei Leute

Person 1

Ich bin letztns auf Rawertz gforn und hob dacht fährst hindnrum. Hoich.

Da war a Lastwogn im Strassertsgrom gleng, dou is es ganze Öl im Strassertsgrom eiglaufn! Hoich ner.

Person 2

Na etzert. Wann bistn dou gforn?

Person 1

Gestern uman neiner. Hoich

Person 3

Also ich bin a gestern uma neiner hintenrimme auf Rawertz gforn. Ich hob nix gsehr. Hoich

Person 2

Etzert Hoich ner amal, du widder!

Person 1

Jooo etzert wenn ichs da soch Hoich.
Person 2
Wey rum bistn dou gforn
Person 1
Iber Korbersdorf
Person 3
Hoich, dou bin i a neilich gforn.
Person 1
Houst es a gsehr.... gell
.....

Dieses Gespräch kann Stunden ohne nennenswerte
Auskunft über einen LKW der im Straßengraben liegt
voranschreiten.
Das Beispiel für dieses Gespräch endet immer abrupt,
sobald sich ein neuer Gast am Stammtisch setzt.

Urlaub im Fichtelgebirge 2

Noch seltsamer wie der Sprachgebrauch des
Fichtelgebirglers scheint die Ausübung von Namen zu
sein.
Hier werden Wörter meist neu erfunden oder in
Generationen weitergegeben.
So kann es sein das Marktredwitz einen komplett
anderen Namen trägt und es doch jeder versteht,
nämlich Rawertz.
Auch Wunsiedel wird da gerne mal zu Wousiegl.
Hingegen man im Norden des Fichtelgebirges im

Ganzen die Vorsilben fehlen, so sprechen einige nur von Lammertz.

Den dazugehörigen Bewohnern wird meist ein „er" angehängt (Rawertzer Lamitzer oder Wousigler).

Zu Thiersheim sagen die Eingeborenen „Dearschm", was sich zum lesen unglaublich schwierig gestaltet, aber es beim erstmaligen aussprechen selbst den Auswärtigen locker von der Zunge zu gehen scheint.

Bei Oberkotzau bedient man sich der Faulheit alle Silben auszusprechen und nennt es dann "kotzich"!

Hingegen Klein- und Grossschloppen
Als Schlurm (das r ist stumm) abgetan wird. Erst bei Nachfragen wird eine Spezifikation der Orte vorgenommen.

Auch beliebt ist in Unterhaltungen einfach komplett den Namen der Ortschaft wegzulassen und ein Ratespiel loszutreten," Dou Richtung Rawertz kurz davor links drinner stenger nou a boar Heiser."

Auch diese Gespräche können meist Stundenlang anhalten bis einer voll entsetzten ruft. "Moinst du Däläa", was auf Hochdeutsch bedeutet wie " meinst du den Vorort von Marktredwitz Döhlau?"

Der Ort Raumetengrün existiert in dieser Schreibweise nur bei Post-und Finanzämtern sowie bei Behörden.

Niemand im Fichtelgebirge wäre so verrückt, diesen Namen im kompletten auszusprechen, hier gilt die Bequemlichkeitsformel des Sechsämterlandes, zu schwierig ist nicht gut und so wird das au zu ä und das Grün zu grey. Fertig ist der wunderschöne Ort Rämedengrey.

So kann ein Gespräch zwischen einen Einheimischen

und einem Touristen sehr verwirrend werden, denn meist reden sie vom Selben und denken doch was ganz Anerschts von anand:

In diesem Sinne

Gedicht
Nach einer wahren Begebenheit

Sexuelle Frustration!

Was nützt die ganze Manneslust,
Wenn doch der sexuelle Frust
Ihn überkommt und Frau nicht will,
wenn er hat das Gefühl,
jedoch die Gemahlin stinkig ist,
weil der Mann so viel säuft und frisst.
So hat sich der Gemahl der Befriedigung selbst ergeben
und schort draußen Schnee mit einem Reisigbesen!

EINMAL DÖNER BITTE!
MIT ALLES?
JA, OHNE TOMATEN!
KNOBLAUCH?
JA...!

MEIN DIRTY TALK DES TAGES
REIN SEXUELL GESEHEN HAT MICH DER DÖNER
ECHT BEFRIEDIGT!

Von Pferden und so!

Letztens sah ich ein Bild auf Facebook. Auf diesem
BILD war eine Frau zu sehen die auf einem Pferd saß.
Soweit so gut!
Das regte mich zum Nachdenken an. So ein Pferd hat
ja gut und gerne mal 500 Kilo. Es ist auch in seiner
Gestalt so aufgebaut (soll heißen die 500 Kilo sind jetzt
nicht unbedingt komprimiert).
Jetzt stellte ich mir die Frage warum ein so großes Tier
einen Menschen mit ca. 50 Kilo auf sich reiten lässt.
Jetzt stellt euch mal vor ihr wäret 2.40 Meter groß 500
Kilo schwer und dann kommt einer der euch auf den
Buckel springen will mit nur einem 10tel eures
Gewichts! Was würdet ihr sagen?

Wahrscheinlich " den Selbigen kannst du mir gleich wieder runterrutschen" oder so ähnlich....

Aber so ein Pferd.... Einfach drauf und los. Das sagt ned," ne"!

Das liegt wahrscheinlich daran, dass Pferde auch so ziemlich ruhige Tiere sind, zumindest machen sie mir so einen Eindruck. Also schreien tun sie ja eher nicht, oder spielen Schlagzeug. Nein Pferde sind eher voll die Ruhigen, Pferde denken eher, und wenn du schon mal droben sitzt, dann kömma gleich mal losmachen.

Also ich wäre kein gutes Pferd, bei mir wäre schon beim Aufsteigen Schluss, wenn da so ein Hansdampf daherkäme und könnte mir nicht mal geradeaus in die Augen schauen, weil ich so groß und mächtig wäre. Der würde mich aberkennen lernen.

Auch die Leistung von Pferden, egal was für Größe, ist immer gleich! Genau 1 Ps. 😵. Deswegen sind die wahrscheinlich auch so ruhig, sind ja sowieso alle gleich!

Die Bremer Stadtmusikanten!

Die Bremer Stadtmusikanten

Die Bremer Stadtmusikanten ist eine Geschichte von den Gebrüdern Grimm.
Das Seltsame an der Geschichte ist, dass die Bremer Stadtmusikanten, nie in Bremen waren oder gespielt haben.
Nicht mal einen Gig!
Das wirft dem Bremer Paradoxon auf.
Nur durch das blanke Wollen der Musikanten wurden Sie nach einer Örtlichkeit benannt, die sie aber nie persönlich erreicht haben!
Der Esel, also der Bandleader, ist auf eine Anzeige im Blickpunkt darauf aufmerksam geworden, dass Bremen Musikanten sucht.
Nach einigen Sondierungen stand die Band fest. Um den Rassismus unter Tieren im Zaum zu halten, entschied sich der Esel für jeweils eine Gattung.
Nun zogen die tapferen Recken los, verliefen sich im Wald. Prügelten ein paar Räuber nieder und blieben in dem besagten Wald!
Normalerweise müsste diese Geschichte die Waldmusikanten heißen!

Als ich vor zwei Monaten zum Kabeltrommelspielen begonnen habe, hätte ich nie gedacht, dass ich heute eine Band habe, die die Untertupfinger Musikanten heißen.

Bald gibt's 500 Jahre ev.

Damals ging der Luther hin und nagelte die Thesen an die Kirchentür!

Das schwarze Brett war geboren.

Ob er einen Nagel oder zwei verwendet hat, steht nirgends? Also es war ja Herbst und nass und regnerisch, da sollte man nicht an Nägeln sparen.

Stell dir vor er nagelt da drauf los und dann kommt ein Wind und weg sind die Thesen. Dann heißts außer Thesen nichts gewesen!

Welch Nägel hat er benutzt? 60iger oder doch 90iger?!

Und warum eigentlich genagelt? Man hätte ja auch Teer oder irgendwas anderes Klebriges nehmen können.

Der Luther der alte Knaller! Einfach hingehen und „paff" rein des Ding in die Tür!!!!

500 Jahre ist das jetzt her und heute nageln wir aber keine Blätter mehr an Türen oder Wände! Nein, heute haben wir Tesa oder Power Strips!

Hätte der Luther das schon damals gehabt, hätte er keinen Hammer gebraucht!

Freund, „Und Martin, was hast morgen a weng vor"

Luther: „Muss morgen noch was aufhängen"!

Hat wahrscheinlich schon ein paar Schläge gebraucht, war ja immerhin nur Pfarrer und kein Zimmerer.

Man stell sich nur mal vor er hätte den Nagel nicht richtig reingekriegt und dann hätten alle gelacht 🐶.

Und keiner hätte sich über die Thesen unterhalten. Nur alle so „Höhö der Martin droben vom Berg hat sich

heut blamiert! Der hat versucht en Nagel rein zu
schlagen:" ....
ob der Martin zuvor geübt hat?
Es wird das erste Mal gewesen sein, wo der Martin mal
nageln durfte 😌 😁. Naja, und das durfte er eigentlich
auch nicht!!

Schlitten und die Erfindung

Am 12. Januar 1783 war ein Tag wie jeder andere und
es war Winter. Ein Winter, wie es im Buche steht,
natürlich in einem Weihnachtsbuch oder in einem Buch
über Kalte Jahreszeiten. Naja.
Ich war Schlittshiefahren, denn Schlittschuh wie auch
Schlitten waren noch nicht erfunden!
Erst im Jahr drauf erfand Herrmann Schlitt das
Kufengerät.
Auch ein Jahr später erfand dann Theodor Schie den
Schiefer und die Schier, was natürlich nichts
miteinander zu tun hatte, aber den Namen seines
Erfinders tragen sie heute noch.
Als Friedrich Herrmann Schlitten 2 Jahre später den
Schlitten erfand, brach großes Gelächter der Gelehrten
aus. Friedrich Schlitten war sehr darüber deprimiert
und schenkte seinem Sohn Bob die Erfindung.
Bob Schlitten machte schnell dem Vorteil der
Erfindung einen Nutzen, indem er am Berg stolperte
und auf den Schlitten viel. Zur Überraschung kam Bob

sehr schnell unten am Hang an und er sparte sich Zeit.

Zwei Jahre später wurde der Schlitten zum Renner der Wintersportabteilung in Gräfenzell und Hinmannig.

1787 stellte Friedrich Schlitten auf der Weltausstellung seinen Schlitten vor und gab bekannt ihn nach seinem Sohn Bob zu benennen.

Die Zeitungen überschlugen sich und brachen sich ein Bein.

Ein ungeahnter Erfolg !!!

Der Schlitten war bei Jung und Alt so beliebt, dass sich ganze Sportarten daraus entwickelten

Das Jodeln auf Schlitten nannte man nach dem großen Urheberrechtsstreit von 1801 Rodeln.

1805 wurde das Rodeln olympisch und nicht wie heute nach Schnelligkeit bewertet, sondern nach korrekt gesungenen Jodelnoten.

Bobfahrern wurde später dazu genommen aber das ist eine ganz andere Geschichte....

Bekanntmachung HHFF Literaturabteilung

Der Vorstand hat beschlossen, gegen die jetzige
Witterung lange Unterhosen (oder Nylonstrümpfe für
die Frauen und zwar nur für Frauen) zu genehmigen.
Die Hardcore Hell Fire Fuckers ziehen damit gegen
den kommenden Winter und bereiten sich gemeinsam
auf den Winterschlaf vor!!!!
Die Vorstandschaft!!!

Bild 5/55 auf Facebook

Damals, um die 1510ner hatte ich mein Aussehen so
stark verändert, dass ich mich selbst nicht mehr
erkannte und begann mich zu siezen. Ich war mir
ziemlich fremd geworden, weil ich mich selbst nicht
mehr erkannte. Der Vorteil war aber, dass ich nicht
mehr alleine war.
So habe ich mich mit meinem Zweiten ichunterhalten,
gestritten, gesoffen, gearbeitet. Ich muss sagen, das war
gar nicht mal so olver!
Dann hat mich so ein Künstler abgemalt und ich

erkannte, dass ich mich komisch verändert hatte.
Früher gab es nämlich gar keine Spiegel, man konnte
sich nur abtasten und dann daraus schließen, wie man
aussah.
Fortgehen war damals total anstrengend, wenn man
sich fein rausputzte, hatte man keine Ahnung ob man
sich eigentlich fein rausgeputzt hatte. Da kam es schon
mal vor, dass Frauen beim Abendball aussahen, wie der
Joker bei Batman, weil Spiegel wurden ja erst viel
später erfunden .... So 1990 rum… Aber das ist eine
ganz andere Geschichte!!!

EINGESTELLT!!

Um das Jahr Null, dass zu dieser Zeit noch
vierzigtausend nach Gott hieß, erfanden die Hardcore
Hellfire Fuckers die Wiederauferstehung. Der Test
wurde erstmals an einem 32-jährigen Menschen
durchgeführt und konnte mit vollem Erfolg verbucht
werden. Leider ging der Proband an die Öffentlichkeit
und brachte sehr viel durcheinander. Das Experiment
Auferstehung wurde nicht mehr von den Römern
subventioniert und wurde kurzer Hand eingestellt!!!
Um eine Mahnung an die Grenzen der Wissenschaft zu
schicken wurde die Zeit unbenannt und auf null
gestellt.

Bild 3/55 auf Facebook

Ich habe schon damals meinen Arm angewinkelt. Arm anwinkeln war in den 1890 ern total in, der Trend ist sogar über den großen See geschwappt. So konnte man dieses Phänomen auch hinter Weißenstadt beobachten.

Einstein soll irgendwann mal gesagt haben: "Wenn ich damals nicht meinen Arm immer angewinkelt hätte, würde es heute keine Relativitätstheorie geben".

Eigentlich war die Erfindung ja von Karl Marx, aber Karl Marx war der Meinung das es 1843,
als er zum Kommunisten wurde, noch zu früh sei zum Arm anwinkeln.
Das hat mich echt an Karl aufgeregt aber was willst machen…
Er beforzugte, eine Hand in die Weste zu stecken, also haben wir dann 1845 die Hand in die Weste gesteckt.
Aber als Karl dann 1883 starb habe ich sofort den Arm angewinkelt und so die Jugendstilbewegung ausgelöst.

Die Anziehungskraft der Couch mit Wechselwirkung von Körperteilen! (PowerPoint)

Jeder kennt es, wenn man sich abends auf der Couch niedergelassen hat und dann nicht mehr hochkommt! Ich werde nun Versuchen dieses Phänomen an Hand der Relativitätstheorie zu erklären!
Erster Hauptsatz lautet hier!
Bewegte Uhren gehen unter Einfluss der Schwerkraft schneller!
Der Körper bewegt sich den ganzen Tag und ist laufend mit der Schwerkraft in Verbindung, das heißt seine innere Uhr geht schneller.
Der zweite Hauptsatz der Theorie besagt das Masse in Wechselwirkung mit Zeit, Geschwindigkeit sowie Energie einhergeht (so in etwa)!
Bekanntlicherweise ist eine Couch sehr schwer, was im Gegenzug von einem durchschnittlichen Menschen das 8-10-fache Gewicht beträgt!
Wenn der bewegte Körper mit geringer Masse an einer Couch vorbeifliegt, wird er durch die große Masse der

Couch angezogen und kann sich der Schwerkraft nicht mehr entziehen.

Durch die stehende Couch und den bewegten Körper wird der Körper mit der geringeren Masse durch die Raumzeit und der Gravitation auf die Couch hingezogen! Nimmt er Platz, wird der Körper durch die Masse der Couch verlangsamt und nimmt zugleich die Gravitativ Kräfte der Couch mit auf!

Die Uhr des Körpers bewegt sich nun durch die Masse und die verringerte Bewegung jetzt langsamer...

Der Körper nimmt nun eine andere Zeit war - nämlich die 8-10-fache Schwerkraft der Couch!

Durch die Verschmelzung der beiden Teile wirkt nun die Schwerkraft und die Gravitation der Couch auf den Körper!

In der dritten Potenz müsste dann das heißen das der Körper die 4-fache Kraft braucht um wieder sich in die Vertikale zu bewegen und nochmals die dreifache Energie um sich vom Planeten-Couch zu entfernen.

Jedoch fehlt hier die Kraft um sich von der Masse loszureißen und er bleibt an der Couch haften, dieser Zustand bleibt solang erhalten bis vereinzelt Körperteile einschlafen, man vor dem Fernseher nachts um 3 aufwacht oder früh zur Arbeit muss!!!

Bild 6/55 auf Facebook

Zeigt mich, wie ich im Hinterhof einen Bayern spiele. Dazu habe ich mir 3 Komparsen besorgt, die ich damals vom Schwarzmarkt billig gekauft habe. Auf diesem Bild sehen Sie Özkür, Aslan, Kevin und Alda

Meine Wenigkeit, ist nicht auf dem Bild zu sehen, jedoch kann ich versichern, dass ich zugegen war und heute immer noch bin... ? ?

Das verwirrt mich etwas, weil ich einen Bayer spielte mit Tracht aber selber nicht zu gegen war, wie konnte ich dann überhaupt einen spielen??

Seltsam! Außerdem wurde das Bild im frühen 18. Jahrhundert aufgenommen, und da gabs noch keine Fotos und keine zugehörigen Apparate.

Was ich auch seltsam finde, ist die Tatsache, dass ich einen Bayer spiele, nicht auf dem Foto bin aber zugegen war und das in der falschen Zeit und mit Tracht.

Zu Beginn des 19. Jahrhunderts kam es im bayerischen Hof aber auch in Wien zu einer regelrechten Trachtenbegeisterung.

Fotoapparate sind ja auch nur da, weil es Fotos gibt und deshalb muss man sich schon auch der Zeit anpassen.

Ich hab schon damals als ich ca. 26 Jahre alt war einen Bayer gespielt habe gedacht, „dass mir san mir", voll Grammatikalisch falsch ist, wir sind wir? Hingegen der Rest sagt "wir sind Papst, wir sind Weltmeister ... Und und und.

Wenn die bayrische Sprache eine mathematische Gleichung wäre, würden sich alle Buchstaben unterm Bruchstrich raus kürzen und es käme eine einheitslose Suppe heraus.
bag mas wida!
Wülda deiwel gscherder.

Erfindung und ihre Entwicklungen
Enzmann hat 1839 den Apparat für Fotos entwickelt.
Und dann danach gleich die Fotos
 den fand ich gut!!

Philosophische Gedanken
Wenn ich hinunterschaue zu meinen Füßen schaue, schauen dann die Füße zu mir hoch?

Heute Schwimmfunktionen überprüft!

Der Zug an der y-Achse ist wesentlich größer gegenüber der x-Achse (Geschwindigkeit).
Ohne Einführung von Energie in das Fluid bzw. Energieabgabe meinerseits würde direkt die Schwimmhöhe proportional in der y-Achse senkrecht nach unten gehen, solange bis ein Widerstand meine Gewichtskraft halten würde (Boden).
Nach gefühlten 10 min. aber eher einer Echtzeit von 30 Sekunden und einer Weite von gefühlten 500 Metern aber eher 10 Metern war die Abgabe meiner exothermen Energie so hoch, dass ich in der y Achse an Höhe bedeutend fiel.

Meiner Einschätzung nach habe ich so viel Energie abgegeben und in das Fluid (Wasser) eingebracht, dass die Energie ,besser der energetische Zustand des Fluids einen Phasensprung machte und ein Weiterkommen unmöglich machte.

Der Bademeister teilte nicht meine Ansicht und schickte mich (nach meiner Rettung) zurück ins Kinderbecken.

Nachtrag
Durch die eingebrachte Energie meinerseits und den Phasensprung des Fluids (Wasser) war es auch nicht mehr möglich, im Fluid selber den Austausch mit 02 (Luft) durchzuführen.

40

Knüppel aus dem Sack!

Vor langer langer Zeit erfanden die Hardcore Hell Fire
Fuckers viele viele brauchbare Dinge
wie zB. Den Schuko Stecker, stolpern, hinfallen und
Bluten.

Und es ereignetet sich in der Zeit als Rapunzel (die alte
Meckerziege) einen Auftrag an die HHFF Gelehrten
erteilte,
drei Sachen zu erfinden die es noch nicht gab!!
Was so eine Erfindung halt so ausmache!!
Die Fuckers erstellten also eine Liste mit Dingen, die
sie erfinden wollten;
Die da waren
Betonmischmaschine Betonier dich,
Der Drahtesel der Zweigang heißt
Und Knüppel aus dem Sack ..
Die Erfinder fanden das sehr lustig :-).
Die Betonmischmaschine, die selber betonieren konnte
war ein voller Erfolg auf ganzer Linie ... Auch ohne
Beton!!
Mit dem Drahtesel hatten sie da schon etwas mehr
Probleme ..
Das Gestänge wollte und wollte einfach nicht durch
den Esel hindurch ....
Der Knüppel aus dem Sack war ein völliger Reinfall !
Wenn man den Knüppel aus dem Sack ließ
zertrümmerte er alles und schlug alle Menschen halb
Tod ...

Herr Knüppel war nämlich früher Betonbauarbeiter am Bau und wurde wegen der Betonmischmaschine auf Kurzarbeit geschickt, sodass er nebenbei als Knüppel aus dem Sack tätig werden musste.
Die Erfindung wurde wie folgt ausgeführt.
Herr Knüppel wurde mit einem Knüppel bewusstlos geschlagen und in einen zwei Meter großen Sack gesteckt. Wenn man nun Ärger hatte, ließ man Herr Knüppel aus dem Sack und er schlug einfach alles kurz und klein ... (wegen der Kurzarbeit wahrscheinlich).
Die Erfindungen waren nicht so toll und sie wurden bei einem Müller abgegeben ....
Gerüchten zu Folge perfektionierte er den Knüppel aus dem Sack, sodass er nur aus dem Sack sprang wenn man ihn rief und diese Person verhaute, die einem auf den Sack ging (man sagt sich er hätte Knüppel nur gefragt ob er in den Sack wollte).
Aus der Mischmaschine baute er einen Tisch und der Esel hatte für ziemlich lange Zeit Verstopfung!!
Und wenn sie nicht gestorben sind dann ....

Neulich in meinem Geschäft

Ein Mensch kommt rein und versucht mir zu verstehen zu geben, dass er sich jetzt schon eine halbe Stunde vor meinem Laden aufhält und meine Unternehmensführung nicht gut findet.

Ich erwidere:" Mein Herr, ich habe nicht mal geöffnet " Daraufhin hat er mir dann die Problematik erklärt." Ich habe Ihnen zugeschaut, und obwohl kein Mensch im Laden ist und Sie nicht mal geöffnet haben, haben sie sich 20 Minuten lautstark mit jemanden gestritten."

Ich erwiderte," wir als multiinternationales multikulturelles Bätzger Unternehmen stellen die feinste Wurst und das beste Brot in einem Laden her! Da steht nun mal Kommunikation an erster Stelle."

Der Kunde erwiderte, (eigentlich war er gar kein Kunde, weil ich nicht geöffnet hatte aber heute wollte ich mal so sein) " hören sie mir zu ...

sie stehen hier alleine in einen ca. 2 Quadratmeter großen Raum und haben nicht mal eine Theke. Sie haben weder einen Ofen zum Backen, noch ein Messer zum Wurst schneiden."

"Ein Bätzger braucht nun mal solche Utensilien nicht, er macht alles selbst und nichts anders wie alle anderen auch nur ohne Hupen! " erklärte ich forsch.

Weiterhin erklärte ich, dass " ich weltweit erster staatlich anerkannter Bätzger auch Mitarbeitergespräche führen muss selbst wenn keine Mitarbeiter anwesend sind. Also WAS WOLLEN SIE EIGENTLICH HIER?"

"Ja" sagt der Mann," ich hätte gern 2 Pfund gekochtes

Vorderbrotschen und zwei gekämmt (die
Vergangenheitsform vom Kamm ist gekämmt)
gerauchte Semmelschinken. "
"Achso .... " sage ich.

Dann drehte ich mich um, um einen halben Schritt nach
hinten zu gehen und durch die Lager Tür zu rufen. " he
noch einen Alten und einen Großen."
Auf die Antwort konnte ich verzichten, denn die Tür,
die halb offenstand, war auf der Wand aufgemalt.

Einige Jahre später kam ich mit einem seltsamen
Menschen zusammen dessen Jacke nach Kiffe roch.
Wir gründeten den Berufsstand *Bätzgertroniker den
alles wird heut Automatisiert.
*Bätzgertroniker: Ein Zusammenschluss aus Metzger, Bäcker und
Mechatroniker.

Neue Geschäftsidee
Die Geschäftsidee von Bier to go die wir einige
Monate später hatten, hielten wir für brillant. Diese
Idee hatte ich im Übrigen mit einem Waldler, der einen
Cowboyhut trug.

Hallo Galileo und Leute die behaupten Spinnennetzte seien so hart wie Drahtseile…

Kennen sie schon das **Quadrat-**

Kubikmeter Gesetz

Oft wird behauptet, es sei eine besondere Fähigkeit von Ameisen, dass sie das Hundertfache ihres eigenen Körpergewichts tragen könnten. Daher solle man sie beispielsweise als »Riesen des Waldes« bezeichnen. Es wird zugleich hochgerechnet, dass ein Mensch mit einer Körpermaße von 50 kg ein Paket mit einer Masse von fünf Tonnen tragen müsste. Hier wird allerdings nicht beachtet, dass das Gewicht und die Masse mit der dritten Potenz einer Länge steigt, während die für die Kraft ausschließlich verantwortliche Querschnittsfläche eines Muskels nur quadratisch mit der Länge verbunden ist. Ein kleiner Überschlag zeigt: Würde man eine Ameise von 10 mm Länge linear auf die zweihundertfache Länge vergrößern, dann käme man mit 2 m Länge in die Größenordnung eines Menschen. Die Masse und damit die Gewichtskraft bei unveränderter Erdbeschleunigung würden sich um das Achtmillionenfache (200*200*200=8.000.000) von vielleicht 10 mg auf 80 kg erhöhen, was auch mit dem Menschen vergleichbar wäre. Dann erhöhte sich aber die Muskelkraft nur um das Vierzigtausendfache (200*200=40.000). Könnte die Ameise also ihr hundertfaches Körpergewicht (Masse 100*10 mg = 1 g) tragen, dann müsste sie in Menschengröße bei gleichen Verhältnissen 40 kg tragen können. Es ist folglich für ein Tier dieser Größe eine ganz normale Leistung.

Im gleichen Verhältnis steht auch das überaus gelobte Spinnennetz, dass bei größerem Durchmesser besser als Stahl halten würde! Aber auch Werkstoffe fallen unter das Quadrat-Kubikmeter Gesetz!!

Fucking Spinnennetze liebes Galileo

Unbändiger Wut!

Ich habe heute früh eine Mücke an der Wand sitzen sehen! Langsam schlich ich mich an um sie rücklings zu ermorden.

Als ich zuschlug flog sie seelenruhig davon. 😠😠😠 Das hat in mir eine unbändige Wut ausgelöst, einem so unglaublichen Hass gegen mich selbst (weil ich nicht getroffen hatte) und gegen dieses miese, surrende Vieh, das mich dann wieder sticht wenn ich schlafe. Mein Körper fing vor Erregung an zu Beben (in negativer Hinsicht) und in mir kamen die Urinstinkte des Neandertalers Hardcore hoch, die noch in einem einzigen Chromosom in meinem Körper vorhanden ist. In diesem Moment übernahm dieses einzige übriggebliebene Chromosom die gesamte Handhabe des Körpers und ich wurde zum Neandertaler

Hardcore.

Meine Zähne knirschten, meine Augen funkelten, ich vergaß für einen Moment meinen Namen, meine Art mich zu artikulieren und meine Körperhaltung veränderte sich. Mein Unterkiefer schob sich ein Stück nach vorne und ich konnte nur noch Laute von mir geben.

Dies alles geschah in einer Nano-Sekunde.

Die Mücke war gerade gestartet und als dieser Vorgang mein Gehirn erreichte, ward ich schon verwandelt.

So stand ich nun da und mein Knurren verwandelte sich in ein Schreien, seltsame Laute brachen aus mir heraus.

Die Mücke flog in einem Abstand von circa 50 cm an der Wand vorbei als sie meine Handfläche zu spüren bekam, ungefähr eine Femtosekunde (das ist wesentlich kürzer als eine Nanosekunde) später stand die Mücke schon ihrem Schöpfer gegenüber.

Mit meiner Handfläche drückte ich erst die Mücke gegen meine Hand und dann gegen die Wand.

Wenn man die Energie, die durch diesen Schlag entstanden ist eingefangen hätte, hätte ganz Deutschland ein Jahr mit Strom versorgt werden können.

Ich verwandelte mich zurück und ging ins Bett.

Danke für die Nominierung!

Auch ich poste jetzt Bilder von mir, die älter als 90 Jahre sind !!!
Hier stehe ich als Holzschuhmacher in Holland. Leider gab es zur damaligen Zeit noch keinen Fotoapparat, deshalb nur ein Bild das mich zeigt, wie gerade den Graphen Illipitz ein paar Holzschuhe klöppele.
Der Graph Illipitz hatte damals schon Schuhgröße 129 frikle, das ist heute umgerechnet Schuhgröße 41. Er beauftragte mich echte Holzschuhe aus Granit zu fertigen, was ziemlich aufwendig war, denn in Holland gab es keine Granitbauern und auch keine echten Holzschuhe. Nun war ich ja ein ausgefuchster Holzschuhmacher und habe mich in der Kunst des Zauberns eingelesen und so einfach ein paar mit meinem Holzelektrodengranitzauberstabschweißer geschweißtozaubert.
Der Graph war so begeistert von der Kunst, dass er mir ein Land in Nordschweden schenkte, das ich dann an einen Konservendosenhändler (Herr Olafson) verkaufte.
Damals war nämlich Nordschweden noch total verschrien, weil es da immer ... Ähmmm ja, hab ich vergessen.

Immerhin ist das bestimmt schon 400 Jahre her und
erst nach dem zweiten Weltkrieg waren Holzschuhe
wieder gefragt.
Zum Schluss habe ich das Schuhmacherhandwerk
aufgegeben und mich für zwei Wochen zur Ruhe
gesetzt. Nach den zwei Wochen war mir aber
langweilig und ich bin dann ....

Kuriositäten in 20igsten Jahrhundert

Es war 1888 als mich ein junger Mensch ansprach, der
etwas Kurioses vorhatte.
Er wollte Kuriositätenhändler werden und mit den
kuriosesten Sachen handeln, die so kurios waren, dass
das Wort kurios schon im Schatten gestellt werden
sollte. Ein Megakurioshandel sozusagen !!
Am Anfang war ich von den Kuriositäten sehr
beeindruckt.
Der Schukostecker hatte es mir besonders angetan. Des
Weiteren hatte er noch mehr in seinem Geschäft
stehen, was ich hier ohne besondere Reihenfolge
aufschreibe ... Wie zB. Der Stern von Bethlehem, die
Erde, dem Bauwesen, dem Bergbau, der Verhütung,
der Demokratie, dem geozentrischen Weltbild, Afrika,
einem Dampfkochtopf, einer Pyramide, einem
Menschenopfer, dem Brückenbau, einer Untertasse, der

Völkerwanderung, einem Pflug, einem Hufeisen, der Sinnlosigkeit, der Schifffahrt, dem Anglizismus, der Internationalität, der Globalisierung, einer Party, einer Zeitmaschine, der Papierherstellung, der Kriegsgefangenschaft, einer Windmühle, einer Tüte Mehl, einem Ofen, einem Brot, einer Brotschneidemaschine, einem Schuko-Stecker, Silvester, dem Alkohol, Stolpern, einem Verlängerungskabel mit Schuko-Steckern, Schnee, einer Kaffeemühle, einer Kaffeemaschine, einer Steckdose, der Elektrizität, der Schwerkraft, einer Dampfmaschine, einem Heißluftballon, der Musik, einer Kreissäge, einem Thermometer, der Ingenieurwissenschaft, der Geisteswissenschaft, einer Schneeschaufel, der Sozialwissenschaft und einem Regal mit alten Einweckgläsern, gefüllt mit Kürbis und sauren Gurken und Parzival den letzten der Gralsritter der Hardcore Hellfire Fuckers (in der Mitte).
Zugegeben, die Sammlung war unheimlich groß und pompös, jedoch waren einige Kuriositäten wie zB. Geisteswissenschaften noch nicht erfunden. Das machte die Sammlung ungeheuer spannend...
Er schlug mir vor ins Geschäft einzusteigen und ich bejahte!
Wir verkauften die Ware bis in den Orient, Oxydent und Kukident.
Wir wurden reich, sodass sich Herr Olafson bald eine Fischkonservenfabrik in Nordschweden kaufen konnte.
Ich wurde Wetterglas Händler und nervte als Coppelius einen gewissen Nathanael.

Ich in den wilden vor 20igern

Ich sehe es noch vor meinen Augen, als wäre es gestern
gewesen
Es war 1916 als Kaiser Franz Joseph der 1. mich mit 86
Jahren am Vormittag des 21. Novembers besuchte. Wir
redeten über dies und das, über die neuesten
Modetrends und was "Mann" heute so auf dem Kopf
trägt.
Er schwitzte ungewöhnlich viel und stark, jedoch
waren auch unsere Themen ziemlich ordinär und
anzüglich, deshalb ging ich nicht weiter auf seine
Transpiration ein.
Gegen Nachmittag wurde sein Zustand schlechter, sehr
schlecht, unterirdisch schlecht, boahh sowas Schlechtes
habe ich noch nie gesehen.
Wir riefen Joseph von Kerzl, seinen Leibarzt.
Gegen 21 Uhr konnte er dann eine einwandfreie und
widerspruchlos eindeutige Diagnose stellen.
Er sagte "Der Kaiser ist tot".
Das schockte uns zutiefst und ich und Eugen (sein
persönlicher Kammerdiener) konnten nicht einmal das

Gegenteil feststellen bzw. einen Gegenbeweis für seinen tiefen Schlaf erbringen.
Er war einfach Mausetot.
Am 30. November begruben wir ihn in der Habsburger Monarchie.

Sein Tod leitete unwiderruflich den Untergang Österreichs/ Ungarns ein und ich zog weiter nach Augsburg und ließ die Puppen tanzen !!!

Voll Krasse Geschichte mit Papst MC.

Der 27. Oktober ist der 300. Tag des gregorianischen Kalenders somit bleiben 65 Tage bis zum Jahresende. Der heute weltweit verbreitete gregorianische Kalender (benannt nach Papst Gregor XIII.) entstand Ende des 16. Jahrhunderts durch Papst Gregor XIII.

Ja, Papst Gregor war schon ein Haudegen!
Ich nannte ihn immer Papst X three und auch wenn er immer böse guckte glaub ich das er immer innerlich grinste...
Der hat im 16. Jahrhundert ja schon Hosen getragen die so eng waren, dass sie eingeschnitten haben.
Wenig später hat er dann das Hosenkranzfest erfunden.

Fälschlicherweise hat dann die Kirche das Rosenkranzfest daraus gemacht.

Hosen waren nämlich total out im 16. Jahrhundert.
Der Gregor war der Bruce Darnell in 16. Alter!!!

Hat dann auch die Zeit erfunden und hat gesagt, " so jetzt haben wir Jahre".
Dadurch kamen auch die Wechseljahre der Frauen und die Jahre gingen ins Land. Auch Silvester gabs dann (heute als Neuhaarfest bekannt!)

Das erste Neuhaarfest wurde auf 1591 datiert.

Dann wurde das Jahr flügge und zog ins Land.
Auch der Adventskalender wurde dann auf gregorianisch umgestellt und hatte nur noch 24 Türen, früher waren es 33,34 Türen in unterschiedlicher Größe.

Erst später brachte man am Kalender einen Knopf an und schaltete von Zeit zu Zeit um (wahrscheinlich wegen dem schlechten Programm im 16. Jahrhundert).

Auch die Musikindustrie feierte dann mit dem Lied "alle Jahre wieder kommt das Christuskind" einen ungeahnten Erfolg.

In Erinnerung an Fucking Papst Gregor this is the shit X three der 16.

Andere Gedanken

Am 8.10.1917, genau vor 100 Jahren wurde ich auf
einen sesshaften jungen Konserven Fabrikanten
aufmerksam, der seltsamerweise vermutlich keinen
Vornamen hatte!
Herr Olafson war einer dieser Unternehmer, der
kleinen Kindern in seinem Ohrensessel am Abend
etwas aus dem Wirtschaftsteil seiner Firma verlas.
Ich machte mich auf nach Nordschweden um ihn zu
besuchen!
Die Fahrt war beschwerlich, sehr beschwerlich, so
beschwerlich, dass ich 3 Jahre bis nach Nordschweden
brauchte. Die Distanz nach Nordschweden waren 5
Kilometer, nur zum Vergleich wie beschwerlich es
war.
Als ich bei Herr Olafson ankam, begrüßte er mich auf
Schwedisch "habadere" sagte er!
Er führte mich durch seine Produktionsstätte und zeigte
mir seine 8 Hunderttausend verschiedenen Konserven-
ausführungen einzeln.
Knapp drei Monate später waren wir fertig.
Danach zeigte er mir eine neue Methode an
verschiedenen Zeiten zu essen!
So wurde ich Zeuge wie er Mittagessen, Abendessen

und Frühstück an nur einem Tag erfand.
Vor dieser Erfindung hatten Mahlzeiten keinen Namen.
An seiner neuesten Erfindung dem Brunch hatte ich
jedoch kein Interesse!
Ich kaufte ihm Frühstück, Mittagessen und Abendessen
ab und konnte so 1918 den Nobelpreis für Chemie
erlangen!
Aber das ist eine andere Geschichte.
Er hatte noch andere Ideen, wie den Schukostecker,
hinfallen und Bluten und einen Eierschalenschäler

Ich verabschiedete mich auf skandinavisch "holadio"
und reiste weiter nach Russland wo ich Tobster
kennenlernte. Aber das ist auch wieder eine andere
Geschichte

Neulich im EDEKA
Anständiges Essen
Meine Frau wollte was anständiges zum Essen?
Jetzt steh ich vor lauter unanständigem, obszönem und
perversem Essen und hab keine Ahnung was ich
nehmen soll?

Nie im Leben Gedacht

Bei alle meine Entchen gibt's ne zweite Strophe!!
Ja leck mich am Arsch

Ganz normale Nachmittagssendung!
RTL. Die Trovatos :
Und am Ende kommt raus das der
Zuhälter an einen natürlichen Tod
erschlagen worden ist.

#Unterhaltungssendung

Schon wieder Geburtstag

Als ich 1997 meinen 90igsten Geburtstag feierte, kamen mir Gedanken, dass ich evtl. zu alt werde für das Leben vor dem Tod. Schnell kündigte ich mein Ableben an und verbrachte meine restlichen Tage in Nordschweden. Als ich dann endlich 2005 mein Ableben feierte, fiel mir auf, dass das feierliche Ableben mit dem Eintreffen des Todes fast zeitgleich stattfindet.

Um dem Tod zu entgehen, stellte ich mich auf ein Bein und streckte beide Arme vom Körper und imitierte einen 300 hundert Jahre alten Baum. Der Tod suchte mich zwar, konnte mich aber beim besten Willen nicht finden, da ich 1980 die Baumschule besuchte und eine Auszeichnung in Baumimitieren erhielt (soll heißen, ich kann verdammt gut einen Baum spielen).

Der Tod fand mich also nicht und so konnte ich lebend weiter mein Ableben feiern!!

Neues Hobby Hohlweglauern

Hohlweglauern!!!

Damals, im 16. Jahrhundert war dieses Hobby schon fast eine Sportart und wurde zum ersten mal 1628 als olympische Disziplin anerkannt.
Zwei Jahre später kam Sackhüpfen und Landstreichen hinzu.
(Aber zurück zu Holhweglauern)
Der erste olympische Sieger in Hohlweglauern wurde der berühmt berüchtigte Hohlweglauerer "Sir Hohlweg von Lauern", von diesem gigantischen Erfolg, den er davon getragen hatte, geht heute noch der Name Hohlweglauerer aus.
Selbst bis ins 17. Jahrhundert wurde Hohlweglauern professionell betrieben.

So begann sich die Sportart weiter zu entwickeln.
Vereinzelte Hohlweglauerer griffen so auf die Verwandte Sportart Burgbergscheissen zurück.
Das Ergebnis daraus "Burghohlscheissen" wurde aber 3 Jahre später marktgraflich verboten.

Der Erfolg der Sportart ging sogar soweit, dass lauern in Kinderlieder mit einegbunden wurde.
(Siehe: auf der Mauer auf der Lauer sitzt ne kleine Wanze!)
Also liebe Leute!
Ich geh mal lauern ....

Erfindungen die Spaß machen

Neue Geschäftsidee!!!!
Der Haschlappen!!!!
Sauber und zu!!!
Genießen Sie Sauberkeit und Drogenrausch in einem.
Haben Sie wieder Spaß beim Duschen und Baden.
Der Haschlappen und der Tag geht langsamer los.
Jetzt testen und beim Baden Stunden vergessen.

Neue Erfindung:
Das Luftmengenmesser!!
Zerschneiden Sie Luftmenge präzise und aufs mol
genau!
Haben Sie Probleme mit Spannungen in der Luft? Kein
Problem !!
Trennen Sie zuverlässig die Spannungen in der Luft
mit dem Luftmengenmesser.
Ein Schnitt und die Luft ist präzise getrennt!
(Verschiedene Klingen in verschiedener Länge
verfügbar.)

Geburtstagsfeier
(Gegenüberstellung/ Entschuldigung)

Damals, als ich noch ein junger Fucker war, kam es mir lustig vor, 2-mal im Jahr Geburtstag zu feiern!
Also datierte ich kurzer Hand meinen zweiten Geburtstag auf August um, denn da ist es immer schön warm.
Ich überprüfte die letzten 100 Jahre Wetteraufzeichnung und wählte in der Gausschen-Verteilung den wohl schönsten Tag mit den besten Temperaturen und niedrigsten Niederschlägen.
An diesem Tag sollte ich meinen 2. Geburtstag im Jahr feiern.
Er fiel auf gestern !!!
Gleich nach dem ich diesen Tag festlegte, übernahm ich es in mein Facebook Profil👍 👍.
Erst nach dem ich ihn übernommen hatte, merkte ich, dass mir jetzt auch Leute gratulieren!!!

Ich bedanke mich auf allen Wegen bei den Gratulanten und wünsche mir noch ein neues Lebensjahr 😄

Gedanken
Wenn die Katze ein Pferd wäre, könnte man senkrecht
die Bäume rauf reiten.

Gestern getrunken😊😵!
Oder wie ich gern zu sagen Pflege,
Gehirn auf Werkseinstellungen zurückgesetzt

Weisheiten

**Jeder wird zum Kung-Fu Kämpfer, wenn er eine zu
kleine Hose anzieht!!**

Limmerick
Ich sitz im Garten und simulier
dabei trinke ich kühles Bier
und sitz und trinke und muss aufpassen hier
nicht das ich beim Sitzen den Halt verlier.

Katzenjammer
Die Katze schreit mit ihrem Mund in mein Gesicht
doch was sie will, dass weiß ich nicht 🐱 😿?
So tu ich ihr was zum essen nei
doch sie hört nicht auf mit dem Geschrei!

Schulzeit
Als ich einen Popel aus der Nase zog
schnipste ihn, und er im hohen Bogen flog
durch die Lüfte, und blieb ohne Charme
hängen in den Haaren meines Banknachbarn

Dies war ein kleines Gedicht über meine Schulzeit!!!

Der Wandhydrant

Der Wandhydrant sitzt an der Wand
und wird meist Pseudohydrant genannt.
Doch kann er auch ganz gut Wasser spritzen.
Auch bei ihm muss Feuer flitzen.
Doch meist, da denkt sich der Wandhydrant,
„ich möchte lieber stehen an der Straße oder auf dem
Land.
Da könnt ich Feuer draußen bekämpfen
und das Feuer im Freien dämpfen."
Doch leider steht dieser Hydrant
im Krankenhaus an der weißen Wand.
Kommt nicht raus und kann nicht sehen.
Die Tür ist zu, da hilft kein flehen.
Der Wandhydrant ist weggesperrt hinter
Gittern.
Das einzig gute dran, er tut nicht so Verwittern!

Dieses Gedicht wurde im Krankenhaus
Marktredwitz geschrieben und trägt den Titel
„Wandhydrant, eine Tragödie"

Ein kurzes Gedicht über die Leiden des jungen Hardcores.

Zwei Mal im Jahr oder öfter
bin ich Wut entbrannt und steh fast vor meinem
Schöpfer.
Du ziehst und drehst und machst es geht nicht, und ist
wie ein Fluch.
Das Spannbetttuch!!
Die Seiten vertauscht, kurz ist lang und lang ist kurz
mir wäre es egal oder sogar Schnurz
Jedoch ist es dann nicht möglich,
denn der Schaden bleibt erheblich.
Wenn die Ecken nicht passen
und du drückst und ziehst, es ist nicht zu fassen.
Also wieder runter und ein neuer Versuch.
Mit dem Spannbetttuch!
So, nun kurz ist kurz und lang ist lang
geschaut und schnell sind alle Ecken dran.
Doch wehe mir dann kommt der Widerspruch.
Umgedrehtes Spannbetttuch!!!
Die Naht ist außen und das Richtige innen.
Jetzt liegt es da und meine Tränen rinnen.
Auf zum letzten Versuch
Mit meinem Spannbetttuch!!!
Runter die ganze Matratze runter dieses Ding
wenn du nicht willst, musst du sehen wie ich dich
Zwing.

Geschaut wie ich mit Geschling

oben, unten, innen und außen zurecht ich dich bring.
Danach wird geknetet die Ecke in die Ecke
seht wie ich mich strecke.
Dann die anderen Seiten
seht wie die Finger über das Tuch gleiten.
Ich bin fertig! Durchgeschwitzt mit Geruch
Da liegt das Spannbetttuch!!!
Keine Falten, das ist mein Anspruch.
Mein Spannbetttuch!!
Doch die Freude wird nur kurz
dann kommt mein mentaler Sturz.
Die Frau kommt rein und ich schrei wie ein Eunuch.
Es war das falsche Spannbetttuch!!!!!

Die Große Kunst der Transpiration oder Richtig schwitzen aber wie!!

Es gibt sehr viele Arten der Transpiration aber welche die Beste oder die Gesündeste ist werde ich in den nächsten Seiten versuchen zu erklären.

Wenn man den Menschlichen Körper mit einer Maschine vergleichen würde, wäre das Schwitzen so etwas wie das Kühlwasser und die Haut wäre ganz plump gesagt der Kühler.

Wenn eine Maschine viel arbeitet wird sie unter Umständen sehr heiß und braucht Abkühlung.

Bekommt sie (die Maschine) keine Abkühlung fliegt eine Sicherung oder im schlimmeren Falle bekommt das Ding einen Kolbenfresser und das war's dann.

Die Sicherung des Menschen ist in der Schaltzentrale im Kopf also im Gehirn. Wenn die Sicherung zwischen Sport durch extremes Schwitzen fliegt, werden Sie sich vermutlich Übergeben, in Ohnmacht fallen oder dehydrieren, ganz einfach. Diese Symptome sind die Folgen ganz einfachen falschen Schwitzens. Diese Menschen überlasten ihre Maschinen und führen durch Extremeinwirkungen dazu, eine nicht kontrollierte Ausgangssituation herbeizuführen.

Das Schlimmste wäre aber für den Körper ein Kolbenfresser also ein Herzstillstand.

Immer wieder ließt man in der Zeitung von Leuten, die Laufen gegangen sind und daran gestorben sind. Meist passieren aber diese Malöre eher den Älteren

Generationen. Aber es kann natürlich auch jüngere Menschen treffen, das ist zwar sehr unwahrscheinlich aber dennoch möglich, da manchmal die Sicherung, die diesen Todeszustand verhindern soll, irgendwie klemmt. So könnte man es stark vereinfacht ausdrücken.

Aber nun zurück zum Schwitzen.
Jeder von uns hat schon mal geschwitzt. Ich schwitze täglich, meist ohne Vorwarnung. (Das aber nur am Rande, ich will nur damit sagen, dass ich weiß, von was ich rede.)
Das Aufwärmen ist zu empfehlen aber Vorsichtig nicht, dass man schon beim Aufwärmen das transpirieren anfängt, wie Mario Barth im Olympia Stadion und da hat er nicht mal Fußball gespielt. Nur andauernd von seiner Freundin geredet.

1. Man kann vor Hitze schwitzen und einige der alten Leute die einen heißen Sommertag
nicht überleben sind womöglich dankbar.
Sauna soll nicht so gesund sein, das heißt für den Körper ja aber dem Gehirn, so haben
einige Wissenschaftler heraus gefunden muss doch einiges abverlangt werden.
Bei einer 20-minütigen Sauna können bis zu 6mio. Gehirnzellen abgetötet werden. Zum
Vergleich; das sind in etwa genauso viele Zellen wie bei einem Vollrausch.
2. Man kann beim Sport schwitzen, das kann auch sehr gesund sein.

3. Man kann beim Kacken schwitzen, was aber unter Umständen auch ziemlich weh tun kann.

Aber auch das übermäßige Drücken bei einem Stuhlgang kann sehr gefährlich werden.

Wenn man nämlich zu festdrückt, können Äderchen im Kopf platzen die dann wiederum

zu

einer Blutung im Gehirn führen und wie jeder weiß Gehirne reagieren auf Blutungen sehr empfindlich.

4.Schwitzen unter Stress sollte man ganz und gar unterlassen; denn das ist das Schädlichste, dadurch kann das Testosteron oder Östrogen Haushalt durcheinander kommen und über längere Zeit angewandt ihr Leben um ein ganzes Stück verkürzen! Außerdem führt ständiger Stress zu Haarausfall.

Glaubensbekenntnis

Ich glaube an die Kraft des Heiligen Bieres!
Den Schöpfer des Betrunkenen und des Spaßes.
Und seinem Schänker dem Volker Zeise
Empfangen vom heiligen Himbeergeist
zu uns gesandt um eins zu schmettern.
Gelitten unter dem Tratsch der Thiersheimer.
Hinab gefahren in das Reich der Freizeit.
Am 14. Tage wieder auferstanden um zu bedienen.
Er sitzt zur Rechten des Zapfhahns. Von dort wird er
kommen,
um uns niederzurichten, die Nüchternen und die
Betrunkenen.
Ich glaube an die Kraft des Bieres
An die Heilige Kraft des Sechsämters.
Gemeinschaft der Betrunkenen
An die Auferstehung am morgigen Tag
Und an die Auferstehung der Raucher in den
Gastwirtschaften

Amen

Liebe Gemeinde!

Ich lese heute aus dem ersten Buch der Hardcore Hellfire Fuckers, Leviticus 1-168, 3-7,8,13, drölf, drieben und Febrember vor.

Und der Herr sprach, lasset das Wirtshaus immer offen, so dass die Verirrten Schafe zu ihm kommen können.

Und ihr werdet den Volker finden, sein Oberkörper in ein kariertes Hemd gewickelt und die obersten 13 Knöpfe geöffnet. Aber habt keine Angst!

Denn heute ward euch ein Wirt geboren.

Da machten sich die Biertrinker auf um ihn zu finden vor einem Haus auf der Bank.

Aber es waren auch andere anwesend, die anders gekleidet waren. Sie waren die heiligen drei Biertrinker die da hießen; Caspar, Mehrbier und Biertasar.

Die unter den Namen bekannt waren, die heiligen drei Suffis aus der Vorstadt.

So an einer anderen Stelle heißt es!

Und Volker sprach. So lasset die Nüchternen zu mir kommen und ich werde sie von ihrer Nüchternheit befreien.

Denn die Ersten werden die Betrunkensten sein!

Und es begab sich zu der Zeit, in welcher Volker mit seinem Fahrrad hinaus zog gen Thiersheim, da sein Tauchsieder explodierte.

Und in der heiligen Offenbierung steht schon geschrieben

Blätter diese Seite um, denn du hast hier keinen Platz mehr weiter zu schreiben.

Liebe Gemeinde
Heute nehmen wir Abschied von unserem Zufluchtsort
unserer Freizeitbeschäftigung und unserem Volker.
Diese alten Gemäuer werden womöglich nie wieder so
einen Wirt erblicken. Er wird von uns gehen und wir
werden einen neuen Zufluchtsort finden müssen, aber es
bleiben uns wenigstens die schönen Erinnerungen.
Viele schöne Momente wurden hier vergessen und auch
erlebt und dann gleich wieder vor lauter Suff vergessen.
Für bitten Gebet
Heute endet nicht nur ein Tag sondern auch eine Ära!
Chor - unser tägliches Bier gib uns heute
Nach 21 Jahren oder so ähnlich wird doch ein großes Loch
bleiben.
Chor - ...
Volker war eine Granate die gerne mal eins schmetterte.
Chor-
Und wir schmetterten immer mit!!!
Chor-
So schließe ich die heutige Trauerfeier mit dem Spruch
Seit furchtsam und Meerrettich.

Und Jesus zog hinaus gegen Mitterteich um die Badstraße
15 zu suchen???

Angewandte Redewendungen

Herr Olafson war ein alter Schwede mit einem großen Garten.
Leider hatte er so viel in seiner Konservenfabrik zu tun, so dass seine ganzen Bäume vertrockneten... er kam auf keinen grünen Zweig.
Er war unglücklich und wollte sich schon aus dem Staub machen und dahin gehen, wo der Pfeffer wächst.
Aber das würde sich wie ein Lauffeuer verbreiten.
Er musste etwas tun
Also stellte er einen Herr Bock an, der von nun an sein Gärtner sein sollte.
„Den Bock mach ich zum Gärtner" sagte Herr Olafson.
Als Herr Bock ankam, machten Sie eine Tour durch den Garten von Herr Olafson.
Dabei lernten sie auch den Koch von Herr Olafson kennen.
Hans Schmal war Küchenmeister bei Herr Olafson.
Sie stellten sich vor.
„Hallo Herr schmal das ist Herr Bock den ich zum Gärtner gemacht habe. Herr Bock das ist Herr Schmal Hans, der Küchenmeister. „Angenehm Schmal Hans Küchenmeister" begrüßte er Herrn Bock.
Der Küchenmeister hatte ein Holzbein und deshalb immer Dreck am Stecken.

Sie gingen weiter

Herr Bock hatte Einwende gegen die Führung und tat das Herrn Olafson Kund, „könnten sie aufhören mich an der Nase herumzuführen?" Herr Olafson schaute kurz auf und sagte „ja gut dann lasse ich sie los, aber dann müssen sie sich an die eigene Nase fassen." ok" erwiderte der Bock.

Sie gingen auf die Schafsweide wo ein Schaf in vollem Pelz stand. „Das kam nochmal ungeschoren davon" sagte Herr Olafson.

Sie gingen weiter und kamen an einen See

„Ich habe hier ein Gartenhäuschen gebaut und zwar nach Strich und Faden" sagte Herr Olafson… Ui das ist aber nah am Wasser gebaut," bemerkte Herr Bock. „Ja aber wir haben gerade Oberwasser und still ist das Wasser auch und vorallem tief. Und wenn sie da rein gehen werden sie kalte Füße bekommen. Manchmal ist das Wasser ziemlich dreckig da müssen Sie im Trüben fischen und wenn sie zu weit reingehen werden sie in der Versenkung verschwinden hinterm See wohnt meine Nachbarin. Später muss ich mit Frau Tacheles reden. Mit der ist nicht gut Kirschen essen, weil die hat keine Zähne mehr."

Sie gingen weiter

Da liegt der Hund begraben sagte Herr Olafson und zeigte auf ein Grab. Bestürzt fragte Herr Bock nach. „Das tut mir leid, warum ist er denn gestorben". „Der Hund wurde in der Pfanne verrückt"!

„Und da haben wir den Salat" Herr Olafson zeigt auf ein Beet.

Herr Bock bemerkte etwas. „Da ist ja noch ein Grab?" ja da liegt der Pfarrer begraben. Den hat ausversehen das zeitliche gesegnet".

„Und was ist mit den anderen Kreuzen hier überall". Herr

Olafson merkte, dass Herr Bock ziemlich viele Fragen
stellte.
„Da hat unser Minister Blöder ...Ehm Söder als er gewählt
wurde drei Kreuze gemacht und konnte dann nichtmehr
aufhören."

Sie gingen weiter und kamen an einem Kind vorbei, das laß.
Das ist Levit und Leviten kann schon lesen.
Herr Olafson stellte sich vor den kleinen Racker und sagte
Leviten lesen!!! 👧
Sie kamen an einem sehr hohen aber dünnen Apfelbaum
vorbei.
Herr Bock sagte „Da fällt aber der Apfel nicht weit vom
Stamm.
Da kam seine Frau mit einem neuen Schal um beide gingen
erstmal auf Tuchfühlung zu ihr.
„Sagen Sie mir bitte was sie da an ihrem Finger haben"
fragte Herr Bock. „Ach das ist der neueste Schrei aus
Frankreich. Das ist pi mal Daumen." Herr Olafson war sehr
modebewusst.
Da kam Schmal Hans Küchenmeister angerannt, erwischte
sich am falschen Fuß und führte einen Eiertanz auf.
Angekommen sagte er aufgeregt zu Herr Olafson.
„Jetzt geht's ans Eingemachte". „Was? haben wir nichts
mehr zu essen? Herr Olafson war aufgebracht „da brat mir
doch einer en Storch" „den haben wir schon letzte Woche
gegessen"
„was ist mit dem Schwein?"
Das macht komische Geräusche hier hören sie mal! Herr
Olafson hörte aufmerksam an das Schwein! „hmm ich glaub
mein Schwein pfeift. Die Kartoffeln wollte keiner aus dem
Feuer holen.

74

Naja dann wie Kraut und Rüben!
Schmalhans Küchenmeister zog ab.
So wir sind vom Weg abgekommen Herr Bock ich bring sie
jetzt erstmal zur Strecke zurück.
Herr Olafson erschrak und schrie „da eine Mücke an ihrem
Kopf"und haute ihn übers Ohr. Sie gingen ins Haus wo das
Dienstmädchen arbeitete, ihr Name war Phus Sissi und war
ziemlich faul, so dass Herr Olafson mit einem
bestimmenden Ton sagte „Sisiphus arbeiten"

Gedanken

Gleich 2 x schlimmer ist es, wenn man ein Zebra überfährt.
Also nicht schon schlimm genug, aber beim Zebra ist echt
doppelt so schlimm.
Erstens hat man nicht nur ein Tier getötet, und zweitens
auch einen Zebrastreifen missachtet.

Ich habe den Struwwelpeter neu aufgelegt

Die folgenden Geschichten sind etwas umgeschrieben
worden und Weichen vom Original ab. Die Geschichten im
Original kennt jeder, wie der Zappelphilipp, die Geschichte
vom fliegenden Robert, Hans guck in die Luft, Oder vom
wilden Jäger, vom Daumenlutscher, oder vom
Suppenkasper.
Wer die Geschichten nicht kennt sollte den
nächstgelegenen alten Menschen fragen. Die Älteren
können ja dem Jüngeren das in der Pause erklären.

Die Geschichte vom Dattel Kevin
Ob der Kevin heute still
Wohl an seinem Smartphone mal die Fresse halten will.
Also sprach der Vater im ernsten Swag
halt einfach dein Maul und pack das Ding weg.

Wenn die Schakeline zur Schule ging
Steht's ihr Blick am Handy hing
vor ihrem Busen dicht
ja, da sieht das Mädchen nicht,
so dass bald ein jeder ruft
Schakeline jetzt guck doch ni immer druff

Die Geschichte vom zockenden Horst
Und im Nuketouwn läuft er umher
In der Hand sein goldenes Gewehr
hui da pfeift ein Schuss und er keucht,
so dass er sich gleich nieder beucht.

Gewehr und Horst liegen nun dort.
Die Schüsse gehen weit weg von einem anderen Ort.
Nochmal kurz kucken und laufen,
noch Schuss und tot. Jetzt muss er sich ein Snipergewehr
kaufen.

Die Geschichte vom schwarzen Buben.
Einst ging vor dem Münchner Tor
ein kohlpechrabenschwarzer Mohr.
Die Sonne schien ihm aufs Gehirn
da nahm er einen Sonnenschirm.

Da kam der Gauland angerannt
und trug ein Fähnlein in der Hand.
Der Söder der kam auch im schnellen Schritt
und brachte seine Kreuze mit
Seehofer kam auch vorbei.
und hatte deutsche Lager dabei.
Und alle schrien als ging er vorbei,
weil er ein Wirtschaftsflüchtling sei.
Da kam der große Nikolas
und taucht sie in ein braunes Glas.
Nun sieht jeder wie braun sie sind
Viel brauner als das Mohrenkind.
So dass ein jeder ihre Art erkennt
und die Nazis gleich beim Namen nennt!

Die Geschichte vom wilden Jäger
Es zog die wilde Wagenknecht
ihr Gras grün neues Röcklein zurecht.

Nahm Pulferhorn und Flint
und lief hinaus zum Bundestag geschwind.
Und die Menschen waren stolz,
denn sie wollte schießen tot den Scholz

Die Geschichte vom bösen Söderrich
Der Söderrich der Söderrich
Das war ein arger Wüterich
er fing die integrierten Racker
und sperrte sie alle samt ins Lager.
Doch hört nur wies ei´m gehen kann,
die Bayern wollten nicht mehr und sagten dein Tun ist hier
umsonst,
geh doch endlich dahin wo du her kommst.
Und die Franken schreien weh und ach
Die Ilse sitzt im Präsidentenstuhl und lacht.

Die Geschichte vom AfDlutscher
„Gauland" sprach die Frau Mama,
ich geh aus und du bleibst da
Sei schön brav und nicht radikal
sonst kommt der Meister Antifa
und vor allem Gauland hör,
hebe deinen rechten Arm nicht mehr.
Sonst kommt der Meister Antifa herab
und schneidet dir Arm und Zipfel ab.
Nun geht fort die Mutter und wup die wuß
die rechte Hand hoch zum schwulen Hitlergruß.

Bauts da geht die Türe auf,
und herein in schnellem Lauf
springt der linke in die Stub
zu dem Gauland Penner Bub.
Weh jetzt geht es klipp und klapp
mit der scher den Arm ab.
Den Zipfel mit der großen Scher,
hei da schreit der Gauland sehr.
Als die Mutter kommt nach Haus
sieht der Gauland traurig aus.
Ohne Zipfel schreit es wie ein Eunuch
das war des Linkens letzter Besuch.

Schaut her da steht er
Der Struwwelhofreiter
sein schönes blondes Haar
ließ er sich kämmen für ein Jahr,
so dass die schönen Strähnen
wackelten bei seinen Reden.
Pfui!! Ruft da der Hartznpeter
zu den Struwwelhofreiter.

Die Geschichte vom Nuttenkaspar
Der Peter der war kerngesund
und zahlte Spesen ohne Grund.
Der Betriebsrat wurde mitgenommen ungehemmt
um sich auf Prostituierte aufgestemmt
Auch teure Maßanzüge durften nicht fehlen,
wer will sich schon mit Jogging durch Puffs sich quälen.
An einem Abend war der Hartz

im schönen Bordell den Koppenquartz.
Man bringt ihm eine schöne Dirn
er zieht nochmal an seinem Zwirn,
auf einmal fing der Peter an zu Schrein

Ich knalle diese Nutte nicht! Nein!
Diese Nutte bums ich nicht
nein diese Nutte will ich nicht!!

Verena und die Hässliche

Verena schreibt einen Text mit Verdana
über die Russin Swetlana.
Verdana ist eine schöne Schrift
doch die Russin Swetlana ist es nicht.
Verena versucht sie noch mit ihrer Schriftart schön zu beschreiben,
doch Verdana vermag es nicht zu übertreiben.

Wingdings soll die Lösung sein!
Schaut schön aus, aber lesen kanns kein Schwein.

Und so muss es in diesem Leben,
genauso wie in diesem Text
auch hässliche Menschen geben.

Scary Krimi

Scharf und ganz schnell packte er seine Begleitung und schaute ihr in die Augen. Der Mann hatte schon seinen Zeigefinger am Hut und sagte, „Wir müssen hier weg, hier ist es nicht mehr sicher".
Die Frau erwiderte „aber Herr Olafson, Sie können mich nicht verlassen.
Herr Olafson sagte, „warum?"
„Wir sind zusammengekettet" erwiderte die Frau.
Verschreckt sah Herr Olafson nach unten und mit einer leicht quengeligen stimme sagte er: „Och nö, ich wollte mich doch so schnell nicht mehr binden!"
Die Frau sagte, „die hat uns der Detektiv Heffernan verpasst, wissen sie das nicht mehr?"
Er spürte plötzlich eine unbändige Wut in sich, denn er wusste als einziger in dieser Geschichte, dass der Autor alle Geschichten ohne Handlung irgendwie hintereinander verfasste. Er hatte keine Ahnung, was in diesem Schriftsteller vor sich ging und er war sauer! Warum war er jetzt plötzlich an eine Frau gekettet, wo er doch noch gerade in FINKCITY stand und eine Schleiereule observierte. Zähneknirschend stand er da.
Bis es aus ihm ausbrach!!!
„Hardcore komm klar mit deinem Leben oder verwende endlich eine Textstruktur oder wenigstens Stichpunkte um

den Sinn zu kapieren."
Verschreckt lies der Autor Hardcore den Stift fallen
„Woher kennt Herr Olafson meinen Namen?"
Hardcore bekam Angst und verschloss diesen Text in einen
Tresor, den er dann vergrub, die Grube ausbetonierte und
dann den Betonklotz in der Grube sprengte.
Fortsetzung folgt.

Mephisto: (Aus dem Buch „Des Faustes Schüler")
Ja so ist´s.
Der Alte hat Gebote geschaffen
Ich hab die Religionen dazu geschaffen
Er hat den Menschen das Buch geschenkt
Und ich hab Sie dann umgelenkt.
Mein Meisterwerk sieht man jetzt auf dieser Welt,
gleiches macht sich ungleich, bekämpft sich für Geld
und das in seinem Namen
in seinen Zeichen und seinen Fahnen,
so dass die Welt nur mir gehört.
Der Alte schon bald nichts mehr Wert
Seine Pfaffen lehren für ihn das Wort
Der Inhalt ist des Teufels Ort.

Der Bayerische Wald

Wo schön die Häuser eingemümmelt zwischen Wiesen
und Wald.
Wo man nicht Gesundheit sagt sonders Helf der God
oder Gott erhalts.
Wo der Sturm Kyrill gewütet,
ja da wird der Woidler ausgebrütet.
Die Sprache ist doch sehr sparsam angebracht
und wird meist ohne Konsonanten zugebracht
Denn verstehen tu ich nichts.
Zwischen komischen Lauten, Buchstabengewirr nichts
sagend
werde ich gedolmetscht durch den Abend.
Hier ein woh und dou a ebsers
Do a han und dou a Schnäpers
Bis hin zu seltsamem Nomen
Fragt man mich nach meinem Namen
Ich sage „Matthias"
und laut rufen die Leut im Chor „Ein Hias".
Der Sprache nicht mächtig denke ich an das
Verwandte Getreide den Hirs

Doch ich wurde nicht beleidigt

Schnell ist der Irrtum aufgedeckt
und es wird zum trinken angeregt.

Es Seidel heißt hier Halbe und a Halbe duard da nix,
heißt es von einem Passanten
So trinke ich 6 Halben
geh raus zum Rauchen vor die Tür und zum Festhalten.
Bemerke zugleich, dass Bier muss hier Stärker sein,
worauf der Dany sagt, „geh halt einfach wieder rein".
In meinen Sehnen, in meinen Bahnen
konnte ich in diesem Moment den Morgen nicht
ahnen.
Und sage „ Is a gude Idee"
Und viele solcher Abende sollte es noch geben
hier im Wald versteht man was vom Leben.
Der Dany packt den Bärwurz aus
ich schütt ihn rein und mir ziehts die Schuhe aus.
Zwischen noch 2 nichts tuenden Halben,
Rauchen draußen und den Verstand zermahlen
möchte ich nur noch Heim.
Dany sagt wiederum „Robert fährt uns gleich heim",
komm aweil rein wir trinken noch einen.
Ich sehe an den Armen Wirt
und denke „Hier wird wenigstens noch richtig
Integriert.
Das geht noch 2-mal so oder Länger
am nächsten Morgen wird mir Bang und Bänger.
Ich stehe auf, renn gegen Tür und Wand
und dann hab ich´s erkannt.
Wenn das ein normaler Dienstag gewesen sein soll
Dann bin ich jetzt womöglich jetzt öfters voll.

Sekunden schaffen, wenn der Text keine 5 Min. lang ist

Söder ist der neue Donald Trump von Bayern
Für die Religionisierung des Abendlandes
Söder der Reformator
„He makes Bavaria bleyd again"

Frage!
Wie Sieht eigentlich so ein Herzkasper aus?

Ich war mal kaufsüchtig,
deswegen reagiere ich auf das Thema immer sehr
Amazionell

Ich ging mal mit einem Pferd ein Stück,
wir waren richtige Gehpferden.
Das war ein pferdammt guter Wortwitz

Petition gegründet:
Gelbwurst umsonst an der Theke auch für
Erwachsene.

Beschwerdebrief
Ich warte schon länger auf die Ergebnisse der
Volkszählung
Mit freundlichen Grüßen
Jesus

Wo schwimmen Nazifische?
Im dritten Teich!!

Gender alles was dir unter die Finger/in kommt
Ein weiblicher Donut heißt im übrigen Donutte

Experiment im Kindesalter (10 Jahre alt)
Ich stehe vor einer Armee von Playmobilrittern.
Ich ganz alleine, nur ich und zwei bis drei
Feuerwehrmänner →für die zweite Armee hat das
Taschengeld nicht mehr gereicht!!!
Aber, ich habe eine Geheimwaffe hinter mir. Etwas
was ich im Buch „Wissen und Lernen" gesehen habe.
Ein Katapult! Zugegeben, es ist ein Kantholz und ein
Stock.
Aber die Technischen Daten meiner Todbringenden
Maschine sind beeindruckend. →Kantholz
10cm/10cm, Stock etwa 1,50 lang, hinten eine
Gabelung, Stein (Wurfgeschoß) etwa 3 cm
Durchmesser.
Die Feindliche Armee steht etwa 3 Meter vom
besagten Katapult entfernt.
Rechnung:
Durch den satten Sprung auf den vorderen Teil des
Katapults mit etwa 30 Kilo wird der Stein beschleunigt
und wird die Playmobilritter so schwächen, dass ich
und meine tapferen Recken den Sieg davontragen
werden.
Ich hole zum Sprung aus und schreie, „Den Tod euch!
Raubritter".

(Da ich ein Alter von gerade erst 10 Jahren erreicht
habe und ich erst mit meinen Studien der
Hebelwirkung und der grundlegenden Physik

begonnen habe, könnte man von einer unvollständigen Formel bzw. praktischem Versuch ausgehen.)

Rechnung vollständig:
Mit einem Eigengewicht von etwa 30 Kilo bei gleich langem Hebel erreicht der Stein (ca.30 Gramm) eine Beschleunigung von etwa 8m/s, das entspricht einer Geschwindigkeit von 31,84 km/h. Der Luftwiderstand wird hierbei nicht berücksichtigt.
Der etwa höchste Punkt der Parabel wird nach ca. 1,50 Metern erreicht und entspricht etwa der Flughöhe von 1,40 Meter.
Für Leute die nicht wissen wie hoch ca. 1,40 Meter ist.
→Die Kopfhöhe eines etwa 10 Jahre alten Kindes!!!

Wenn nun ein Gegenstand zwischen die beschleunigte Masse gerät, wird der beschleunigte Körper schlagartig abgebremst und wandelt beim Aufprall die potentielle Energie in kinetische um und überträgt diese wieder auf den ruhenden Körper.

Nochmal zurück:
„Den Tod euch Raubritter"
Der Flugkörper trifft mich an der Stirn, da ich genau in der Flugbahn stehe.
Eine unbändige Energie wird freigesetzt und umgewandelt, so dass ich nach der Energieumwandlung fürchterlich aus dem Kopf blute.

Experiment Verbot wird von meiner Mutter angeordnet.

Eine Woche später sollte ich eine weitere physikalische Grundeinheit kennenlernen, nämlich nackt auf der trockenen Rutsche!!
Die Reibung!!!
Doch das ist eine ganz andere Geschichte!

Experimente im Kindesalter II
Reibung auch Friktion oder Reibungswiderstand genannt, ist eine Kraft die zwischen Körpern und Teilchen wirkt, die einander berühren.
Wenn bei einer Bewegung Reibung auftritt, wird ein Teil der Arbeit oder Bewegungsenergie durch Dissipation in Reibungswärme umgewandelt und/oder für Verschleiß verbraucht.

Wußte ich damals noch nicht

Die Kopfwunde von meinem letzten Experiment ist noch nicht ganz verheilt. Ich plantsche im Garten im Plantschbecken.
Doch plötzlich überkommt mich die Langeweile
Ich schaue mich kurz um→ Mutter ließt Zeitung der Hund liegt gelangweilt unter dem Tisch.

Das sind für mich gerade keine Potentiellen Spielkameraden fürs Wasser. Aber in der anderen Richtung steht eine Rutsche.
Da ich meine anale Phase noch nicht überwunden habe, denke ich „nackt rutschen wäre ganz ok"
Ich steige hinauf und präsentiere mich nackt am Rutschengipfel aber keiner schaut so recht.

Ich nehme Anlauf und kurz bevor ich auf der Rutsche zum Rutschen beginne, schreie ich. „Kuck mal Mama, wie ich rutsche":
Meine Mutter schaut kurz auf und springt dann los.
Ja, denke ich mir... ungeteilte Aufmerksamkeit, sie will mich anfeuern.

Ich hole Schwung um von der heißen, trockenen Metallrutsche hinunter zu rutschen.
Meine Mutter ist bereits unterwegs und schreit noch zu mir irgend sowas wie, „Nein nicht Rutsche Heiß"
Aber ich bin schon unterwegs → Ich vernehme zwar noch den Schrei, jedoch bin ich mir keiner Schuld bewusst. Ich bin ja schon öfter gerutscht.

Nach etwa 30cm auf der Rutsche begleitet mich ein quietschendes Geräusch, dass von meinem Hintern kommt.
Jedoch ist es kein Furz.

Nach etwa 70 cm habe ich die Endgeschwindigkeit erreicht

Nach 1,50 zeigt meine Mutter die Zähne, jedoch ist es kein Lachen, eher ein mitfühlen.

Nach ca. 1,70 stellt sich mein Glücksgefühl ein und das Geräusch, dass von meinem Hintern zu stammen scheint, tut mir fürchterlich weh.

Nach ca. 20 Zentimeter habe ich genauso so ein Gesicht wie meine Mutter.

Durch die Rutsche brennt mein Arsch als würde ich im Feuer sitzen.

Als ich unten angekommen bin, gibt es nur eine Möglichkeit was ich jetzt tue.

Ich laufe den Schmerz weg.

Wie ein Wiesel renn ich durch den Garten, mein Hintern ist Feuerrot.

Somit wurde ich Zeuge, dass Kräfte existieren die ich noch nicht Verstand.

Ich denke nach 25 Jahren gibt es immer noch Kräfte auf dieser Welt, die ich noch nicht verstehe.

Sollte man die Kräfte herausfordern, die wir noch nicht verstehen oder sollte man den Kopf in den Sand stecken?

Ich für meinen Teil denke, dass man manchmal es gut sein lassen sollte, sonst wird uns irgendwann mal der Arsch brennen!!

Wie man mit Mathematik umgeht, oder Matheanweisung

Der hohe Rat der Hardcore Hellfire Fuckers hat sich zusammengefunden und hat angefangen die Mathematik neu zu überdenken und einfacher zu gestalten.
Vergessen Sie den Dreisatz.
Die Effizientere Methode.
Der Zweisatz

Die nächstgrößere Einheit von Instagram ist Instakilogram.
Sollte es schwieriger werden, hilft Einschüchterung.
Wenn etwas über 1000 Kilometer geht oder Sie das Gefühl haben, das alles aus dem Ruder läuft. Gehen Sie selbstbewusst voran. Erfinden Sie einfach selbst erdachte Einheiten:
Beispiel:
Die Welt dreht sich mit 1600km/h
Antworten Sie selbstbewusst „ja, das sind ja 1,6 Gigameter.

Machen Sie es genauso wie die Erfolgssendung auf Pro Sieben Galileo und rechnen Sie alles auf die Größe von Fußballfeldern um.
„Was so groß?"
„Das sind ja 3/8 Fußballfelder."

Keiner Weiß genau wie groß ein Fußballfeld ist.
Außerdem kann sowieso keiner 2 Jahre nach der
Schule in 8tel Brüchen rechnen.

Apropos Brüche?
Solange sie eine Pizza in gleichgroße Stücke teilen
können, so dass jeder was hat, reicht das!!
Faustformel
Bei neun Personen kriegt die dickste Person 2 Stücke.
Gehen Sie komplexeren Sachen mit ihrer eigenen
genialen Einfallslosigkeit aus dem weg.
Geht so!!
Frage:
Wieviel PS sind das nochmal in KW?
„Poahh, dass sind ja eineinhalb Tagwerkstunden eines
Esels."
Danach wird das Gespräch sowieso auf Esel abdriften.
Aber auch im Internet können Sie mit ihrem Wissen
glänzen, so dass jeder denken würde, Sie haben es in
der Mathematik voll drauf.
Erstellen Sie einfach eine Primzahlenparty auf
Facebook bei dem sich die Leute nur mit sich selbst
teilen können.
Mathematik heißt Krieg! Gewinnen sie nicht die
Schlacht, sondern den Krieg.
Wenn die Schlacht verloren ist gegen einen
Kontrahenten, ziehen Sie sich zurück an einen stillen
Ort und g
Googlen Sie das gefragte und dann trampeln Sie den
Gegenspieler mit dem auswendig Gelernten nieder

2018

Na toll,
nach Jahren der Gesundheit hat es mich erwischt,
wieder Krankenhaus…

Nachdem mir die Natur die Emotionen genommen hat,
komplett auszurasten, da ich sonst in Ohnmacht fallen
würde, hat das Schicksal mir noch eine mitgegeben.
Der Doktor schaut mich an und sagt," Sie müssen ins
Krankenhaus"
„ Nagut", erwidere ich.

Ich war schon oft in den umliegenden Krankenhäusern
gelegen, ich kenn mich aus in meiner Hood. Ich könnte
sogar schon Krankenhaustester sein.

Der Doktor schaut mich ernst an, bevor er mich mit
seiner Aussage zum Mond schießt.

„Nach Hof" ….
Verdutzt schaue ich meinen Hausarzt an.
Ich antworte prompt „Warum nicht Bayreuth oder
Marktredwitz…"

„Nein nein, Hof ist besser."

Aha, meine innere Stimme rebelliert

Als wenn irgendwo irgendwas irgendwann schlechter wäre wie in Hof.
Nichts schlimmeres wie Hof!

In der Stadt Hof passiert nur Schlechtes. Die Straße, der Aufbau der Stadt, die Anordnung, alles ist dort suboptimal gelaufen und läuft auch noch suboptimal… Wenn Hof eine Fernsehsendung wäre, wäre Hof „Der Bachelor". Wäre Hof ein Fernsehsender, dann wäre Hof RTL2. Wenn Hof eine Internetseite wäre, dann wäre Hof Spiegel Online. Wäre Hof ein Komiker, dann wäre Hof Mario Barth→ Einfach nicht lustig! …

Aber wenn ich mich jetzt aufrege, kippe ich sofort vom Stuhl beim Arzt. Deshalb Ruhe bewahren!

Ich fahre widerwillig nach Hof→ Gott wie die Stadt schon aussieht.
Die Notaufnahme ist grün gestrichen und ist aufgebaut wie ein Zugabteil.
Es fehlen nur noch die Lederriemen die von der Decke hängen und schon können wir mit dem Notaufnahmezug durch Hof fahren.
Vor mir ist eine unendlich lang scheinende Schlange!
Wenn ich mir schon die Hofer anschaue, vor mir steht ein sehr dunkelhäutiger Mann, der gerade der Aufnahmeschwester etwas erklären will.

„Hallo ich mit Krank zuhause ich Mustafa" schallt es zu mir herüber

Die Frau hinter der Anmeldung gibt auf seine Frage oder Forderung eine Antwort, die ich nicht erwartet habe.

„Sie wissen schon, dass Sie hier bei uns Hausverbot haben".

Was muss man bitte in einem Krankenhaus machen damit man Hausverbot bekommt?

Typisch Hof!! → Sodom und Gomorra

Ich werde in ein Aufnahmezimmer gebeten.

Das Aufnahmezimmer ist im Übrigen dort wo der Schaffner sitzen würde.

Im Schaffnerabteil bekomme ich ein anderes Aufnahmegespräch mit.

„Wo ist der Unfall passiert"

„Bei Radio Euroherz"

Schnittverletzung Finger, wie ist denn das passiert"?

„Wir haben gerade Kürbisse ausgestochen und da bin ich mit dem Messer abgerutscht."

Langsam glaube ich, dass ich bei der „Versteckten Kamera" bin.

Ich komme wieder aus dem Empfangszimmer ins Wartezimmer.

Der Hofer mit dem gebrochenen Deutsch steht immer noch an der Anmeldung und versucht unmissverständlich zu verstehen zu geben, dass er hier

nicht wartet und dass er nur von einem Arzt angehört
werden will.
Langsam verstehe ich, warum der Mann Hausverbot
hat.

Ich darf Blut lassen durch einen Zugang, der mir gelegt
wurde.
Der Zugang ist im Übrigen das internationale Zeichen
aller Krankenhäuser für „Du bleibst heute über Nacht".

Nun werde ich wieder in den Zugabteil geschickt, dass
getarnt ist als Notaufnahme.

Jemand hat in dem Zugabteil seinen Groschenroman
vergessen und ich schmökere etwas darin bis ein
Bettchen im Hofer Krankenhauszug frei wird.

„Gebannt stand Amy da und in ihren zarten Armen
hielt sie das geschwächte Fohlen. Der Kopf des
Fohlens war durch die Geburt etwas verformt. „Wir
schaffen das Katy, wir schaffen das" Hauchte Amy
ganz zart dem jungen Pferd ins Ohr… Das junge
Fohlen schloss die Augen und …

Herr König

Das Junge Fohlen schloss die Augen und …

HERR KÖNIG BITTE

Ich höre zwar die schrille stimme aber ich kann nicht aufhören zu lesen.

Das Junge Fohlen schloss die Augen und …

HERR KÖNIG BITTE!!! Ja Herrgott, ja darf ich denn noch zu Ende ……

Poch…

Zuviel Aufregung und ich falle in Ohnmacht.
Ich wache im Bett auf…..

SCHEISSSE WO IST DAS VERDAMMTE BUCH!!!

Ich falle abermals in Ohnmacht

Das geht dann ungefähr dreimal so, bis dass ich mich beruhigt habe und mit einem Einhorn davon
Reite.

So lernte ich auf sehr unangenehme Weise Geduld zu üben und nicht bei jedem Scheiß gleich auszuflippen.
Aber in dieses Scheiß Hof bringt mich bestimmt kein Mensch mehr …
Könnte ich Ausrasten, MAN!!!

Hätten die Nazis nicht noch warten können bis ich tod bin!

Kurz vor meinem Ableben kommt die AFD in den Bundestag... Na toll, hätten die Wähler nicht noch bis zu meinem Ableben warten können.
Ich höre immer „Hallo geht Wählen und wählt mit" von diesen superschlauen Prominenten und jetzt haben wir den Salat, jetzt ist der Mob wählen gegangen.
Ich könnte jetzt zwar auch einen Text schreiben über die AfD aber das langweilt mich schon sehr.
Wenn jetzt dieses Buch **„Ausländer, die Gefahr Deutschlands heißen würde** oder einen anderen fragwürdigen Titel tragen würde, dann würde es nicht lang dauern und es wäre ein Bestseller. Mit Hass kann man in

Deutschland super viel Geld verdienen… und vor Allem die Presse und Zeitung. Hier wird schier unwahrscheinlich viel Geld mit Rassenhass und Berichten über die AfD verdient. Ich habe selber schon mit größeren Zeitungen zu tun gehabt und auch mit der Presse und ich war geschockt, wie man hier mit Fakten und Nachrichten umgeht… Hier geht es meistens so, wenn die Nachrichten nicht Spektakulär sind, wird nach gerichtet oder wenn es nichts zum Nachrichten gibt, wird es weg gelassen oder es verschwindet in einer kleinen Nebensparte.

Der schlimmste Feind der Presse sind im Übrigen soziale Netzwerke, die ohne nennenswerte Führung auskommen.

So wird oft von den öffentlichen Medien berichtet, dass hier die Gefahr vom glasigen Menschen lauert.

Hierbei geht es aber nur um eins→ Was ist, wenn die etwas berichten, was wir nicht für informativ hielten. Oder noch schlimmer, wenn das Internet etwas verbreitet, was für die Medien schädlich ist.

Da das soziale Netzwerk ohne Geld auskommt bzw.

Kostenlos für jeden zugänglich ist, wird ein Abkassieren der Frankfurter Allgemeinen oder Der Welt oder die Bild unnötig.

Natürlich gibt es Fakenews, die man aber meist auf den zweiten Blick erkennen kann.

Das Diffus um endet dann darin, dass die Medien von 5 Familien in Deutschland beherrscht werden.

Diese Familien können jeden an den Pranger stellen und werden es auch machen, wenn es nötig ist.

Natürlich schaut der Pranger jetzt anders aus und wird dann in Netzwerken ausgetragen, aber das Zünglein an der Waage wird doch immer evtl. ein Redakteur sein, der wiederrum irgendwo seine Befehle herbekommt.

Das würde jetzt aber wieder in einer Verschwörungstheorie enden.

Hierbei ist die AFD ein Medium, die den Medien noch mehr Geld einbringt, denn man muss bloß die fragwürdigenden Thesen nachschreiben.

Dadurch machen sich die Medien zum offiziellen Trägermittel der AFD. Natürlich ist hier eine ganze Aufklärung der AFD schädlich, so dass man immer nur ein Thema aufgreift oder nur die Hälfte der Absicht der AfD schreibt.

Das ist wichtig, sonst würde das immer laufende Bächlein der AFD Flausen versickern.

Früher war die Presse der Größte Feind der Nazis und heute sind sie durch ihre lückenhaften Zeitungsberichte zu Kumpels geworden.

Hier ist der schnelle Euro mehr Wert wie die Aufklärung.

Na Ja, damals vor der Machtergreifung von Hitler war die Presse die hinderlichste Hürde und heute wird freudig für die Auflagen etwas von der AfD berichtet.

Und jetzt hat sogar die Buchwelt damit angefangen, Spiegel Bestseller heraus zugeben mit fragwürdigen Botschaften.

Letzter Satz:

Früher hieß ja das Happy Meal noch

Reichsjugendbeutel

Und

Wenn wir weiter so eine Scheiße wählen, bald wieder!

Grimasse vom Autor

Über den Autor:

Matthias König ist deutscher
Buchautor
(Des Faustes Schüler)
und tritt regelmäßig auf Poetry-
Slambühnen als Holger Fichtelhills auf.

Der Autor selbst sagte öfter bei seinen Touren.
„Persönlich ist mir die
Literaturszene zu streng,
denn die saufen da nur Wein".

Matthias König lebt, liebt, und ärgert sich im Fichtelgebirge.

Herstellung und Verlag:
BoD – Books on Demand, Norderstedt
ISBN:978-3-7494-4779-4